**IJS** 서울대학교 일본연구소
Reading Japan 19

# 나는 왜 혐한시위를 싫어하는가

일본 우익이 본 일본 넷우익

私はなぜヘイトスピーチを嫌うのか、
日本の右翼が見る日本のネット右翼

저 자 : 스즈키 구니오(鈴木邦男)
역 자 : 정실비

Publishing Company

본 저서는 정부(교육과학기술부)의 재원으로 한국연구재단의 지원을 받아 출판되었음(NRF-2008-362-B00006).

서울대학교 Reading Japan 19

# 책을 내면서

서울대 일본연구소는 국내외 저명한 연구자와 다양한 분야의 전문가를 초청하여 각종 강연회와 연구회를 개최하고 있습니다. 〈리딩재팬〉은 그 성과를 정리하고 기록한 시리즈입니다.

〈리딩재팬〉은 현대 일본의 정치, 외교, 경영, 경제, 역사, 사회, 문화 등에 걸친 현재적 쟁점들을 글로벌한 문제의식 속에서 알기 쉽게 풀어내고자 노력합니다. 일본연구의 다양한 주제를 확산시키고, 사회적 소통을 넓혀 나가는 자리에 〈리딩재팬〉이 함께하겠습니다.

서울대학교 Reading Japan 19

차 례

| 책을 내면서 | ——————————— 3

| 강연록 | 나는 왜 혐한시위를 싫어하는가 ——— 7
: 일본 우익이 본 일본 넷우익

| 질의응답 | ——————————————— 43

| 講演録 | 私はなぜヘイトスピーチを嫌うのか、 ——— 75
日本の右翼が見る日本のネット右翼

| 質疑応答 | ——————————————— 111

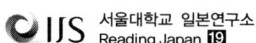

# 강연록

● 최근 '헤이트 스피치 반대', '레이시즘 반
● 대'의 목소리를 높이는 사람들이 늘어나
고 있습니다. 이들을 카운터(counter)라고
부릅니다. 그런데 일본 내에서 이렇게 헤
이트 스피치에 대해 비판하는 목소리가
있다는 사실은, 해외에는 별로 알려져 있
지 않지요. 그래서 일본에서는 한국이나
중국에 대해서 심한 말을 하는 사람이 상
당히 많으며 일본 전체가 그렇게 되어가
고 있다고 세계가 생각하고 있습니다. 오
늘 저는 그 오해를 풀고 싶습니다.

강연록

# 나는 왜 혐한시위를 싫어하는가
: 일본 우익이 본 일본 넷우익

스즈키 구니오
(鈴木邦男)

사회자 : 안녕하세요, 저는 일본연구소의 HK교수 이은경이라고 합니다. 서울대학교 일본연구소는 일본의 정치, 경제, 사회, 문화, 역사, 예술 등 전반적인 영역에 걸쳐서 일본과 한국뿐만 아니라 유럽과 아시아 여러 나라의 많은 학자들을 초청해서 정기적으로 「일본전문가초청 세미나」를 기획·개최하고 있습니다. 그중에서도 강연 내용을 『리딩 재팬』 시리즈로 기획하여 출판할 경우에는 '특별강연회' 형식으로 규모를 확대해서 진행하고 있습니다. 오늘은 제18회 강연이자, 2015년 첫 '일본전문가초청 세미나'이고, 2015년 첫

특별강연회이기도 합니다. 공교롭게 비가 오고 있는데도, 이렇게 많은 분들이 와 주셔서 정말 깊이 감사드립니다. 그럼 먼저, 서울대학교 일본연구소 박철희 소장님께서 인사 말씀을 해 주시겠습니다. 잘 부탁드립니다.

소장 : 일본연구소장 박철희라고 합니다. 오늘처럼 오시기 힘든 날에 와 주신 많은 분들께 감사드립니다. 우선, 왜 이러한 기획을 했는지에 대해서 설명을 드리고자 합니다.

저는 흥미로운 사람이 있다는 이야기를 들으면 반드시 시간을 내서 만나는 습관이 있습니다. 그런데 최근에는 흥미로운 사람과 만날 기회가 그다지 많지 않았습니다. 그렇지만 요 몇 년간 만난 사람 중에서 가장 흥미로웠던 분이 오늘 강연하실 스즈키 구니오 씨였습니다. 어떤 분에게 "스즈키 구니오라는 매우 흥미로운 사람이 있는데, 한번 만나 보세요."라는 말을 들었습니다. 그 분에게 이유를 여쭤 봤더니, "그 사람은 사실 우익이지만……."이라고 대답했습니다. 저는 "제가 우익의 대표를 어떻게 만납니까?"라고 물었습니다. 저는 우익과 관계가 없었기 때문에, 어떻게 하면 만날 수 있는지 묻고 싶었지요. 나중에 제가 전에 초빙했던 일본정치학회 회장이자 홋카이도대학(北海道大學)의 명예교수이기도 한 야마구치 지로(山口二郎) 선생과 술을 마시면서 스즈키 씨에 대해서 묻자, "스즈키 씨라면 잘 알고 있지요."라고 하셨습니다. 제가 "선생은 리버럴(liberal)이면서 어떻게 우익 쪽 대표라고 불리는 스즈키 씨를 알고 있습니까?"라고 묻자 "그것이 일본 사회의 흥미로운 부분이지요."라고 말씀하셨습니다.

저는 작년 7월에 도쿄에 가서 스즈키 씨를 뵙고, 상당히 긴 시간 이야기를 나눴습니다. 가장 흥미롭다고 생각했던 것은, 스즈키 씨가 조금 뒤에 직접 이야기하실 테지만, 스즈키 씨가 헤이트 스피치(Hate Speech)에 반대하고 있다는 사실입니다. "한국에서는 일본의 우익이 헤이트 스피치를 한다고 여기고 있는데, 당신은 우익이면서 어째서 헤이트 스피치에 반대합니까?"라는 질문에서 시작해서, 상당히 흥미로운 이야기를 나누었습니다. 그 이야기를 저만 듣기에는 아까워서 언젠가는 선생님을 초빙해서 모두 함께 이야기를 들었으면 좋겠다고 생각하고 있었습니다. 그렇기 때문에 오늘 이렇게 초빙할 수 있게 되어서 정말 기쁩니다.

나중에 이은경 씨가 스즈키 선생님에 대해서 소개해 주시겠지만, 선생님께서는 최근 〈헤이트 스피치와 레이시즘을 극복하는 국제 네트워크(ヘイトスピーチとレイシズムを乗り越える国際ネットワーク)〉의 공동대표를 맡고 계십니다.

오늘 스즈키 씨가 2006년에 집필하신 『애국자를 신용할 수 있는가(愛国者は信用できるか)』(講談社現代新書)라는 책을 받았습니다. 시작 부분이긴 하지만, 그 책에는 "애국자 콘테스트가 있다면 나는 가볍게 우승할 수 있을 정도로 대단한 애국자다."라고 쓰여 있었습니다. 우선, 스즈키 구니오 씨의 이름 그 자체가 애국적입니다. 즉 구니오라는 이름은 '구니(國)'를 사랑하는 남자라는 의미로, 애국자로는 능가할 사람이 없는 것 같습니다. 오늘 저는 스즈키 씨와 아침식사를 같이 했는데, "이제 어디에 가실 겁니까?"라고 물었더니, "안중근의사 기념관에 갈 겁니다."라고 말씀하셨습니다. 일본의 우익이면서 어째서 안중근의사 기념관에 가는가? 그것도 커다란 의문이지요. 그 이유에 대해서는 나중에 스즈키 씨가 이야기해 주실 것이라고 생각합니다. 또 한 가지 소개하자면 지금 문 쪽에 2013년 5월 2일 자 인터뷰 기사가 놓여 있는

데요, 인터뷰어의 질문은 '우익의 대표가 우경화 현상을 비판하는 것이 상당히 신기하다'는 것입니다. 그에 대해서 스즈키 씨는 "사회가 너무 빠르게 변동했다는 생각에 나는 〈잇스이카이(一水會)〉를 만들었다. 하지만 지금은 사회가 오른쪽으로 치우쳐 있다. 우익은 소수일 때 존재 가치가 있다. 지금처럼 전반적으로 우경화된 상황은 위험하다. 그러다 보니 나는 좌익 같은 우익이 되어 버렸다."라고 대답합니다. 상당히 흥미롭습니다. 좌익으로 편향된 일본 사회를 우려해서 우익단체를 만들어서 스스로 우익의 대표가 되었던 분께서, 지금 일본이 너무나도 오른쪽으로 편향되어 있어서 위험하다고 말씀하고 계십니다. 그래서 오늘은 평형감각이라는 것에 대해서 생각해 볼 수 있는 상당히 좋은 기회라고 봅니다. 또한 오늘은 여러분들이 일본 사회, 일본의 사상, 일본의 사회 운동에 대해서 알 수 있는 상당히 좋은 공부의 기회라고 생각합니다. 먼 곳에서 일부러 와주신 스즈키 선생님께 다시 한 번 감사드립니다.

사회자 : 감사합니다. 그러면 강연 전에 스즈키 선생님에 대해서 간단히 소개하겠습니다. 스즈키 선생님은 1943

년 후쿠시마 현(福島県)에서 태어나 와세다대학(早稲田大学)을 졸업하신 뒤에 산케이(産経) 신문사를 거쳐서 1972년 신우익단체 〈잇스이카이〉를 결성하셨습니다. 당초에는 회장으로서 활약하셨고, 지금은 고문으로 활약하고 계십니다. 방금 전에도 소장님께서 말씀하셨는데, 〈헤이트 스피치와 레이시즘을 극복하는 국제 네트워크〉의 공동대표를 맡고 계시기도 합니다. 최근에는 신문이나 텔레비전 등 다양한 미디어에서 정치뿐만 아니라 프로레슬링이나 격투기 등의 스포츠에 이르기까지 다양한 분야의 평론가로 활약하고 계십니다. 저서로는 방금 전에도 소개된 『애국자를 신용할 수 있는가(愛国者は信頼できるか)』(講談社 現代新書) 외에 『우익은 언론의 적인가(右翼は言論の敵か)』(ちくま新書), 『애국과 우국과 매국(愛国と憂国と売国)』(平凡社新書) 등 다수가 있습니다. 스즈키 선생님에 대한 상세한 정보는 오늘 배부해 드린 자료에 자세하게 나와 있으니까 그것을 참고해 주십시오. 그럼 지금부터 스즈키 선생님을 모시고 〈나는 왜 혐한시위를 싫어하는가: 일본 우익이 본 일본 넷우익〉이라는 제목으로 강연을 듣겠습니다. 모두들 큰 박수로 맞이해 주십시오.

〈강연〉

안녕하세요. 스즈키 구니오입니다. 대단히 과분한 소개에 감사드립니다. 박철희 선생님과는 홋카이도대학의 명예교수이자 지금은 호세이(法政)대학 교수인 야마구치 지로 씨에게서 꼭 만나라는 이야기를 듣고 작년 초에 뵈었습니다.

그 전에 박철희 선생님께서 일본에서 쓰신 책인 『일본의 국회의원이 만들어지는 법 – 소선거구의 선거전략(代議士のつくられ方 – 小選挙区の選挙戦略)』(文春文庫)을 읽고 굉장히 놀랐습니다. 히라사와 가쓰에(平沢勝栄)라는 국회의원이 있습니다. 그는 대단히 서민적이라서 인기가 있다고 생각했었는데, 이 책을 읽고 그 생각이 상당히 잘못되었다는 것을 알았습니다. 왜냐하면 그는 처음 중의원 선거에 나왔을 때, 매우 상세하게 전략을 세워서 어떻게 표를 얻을 것인지, 어떻게 당선될 것인지를 치밀하게 생각했기 때문입니다. 그런 식으로 생각한 사람이 없었지요. 박철희 선생님께서 그것에 대해 분석하고 쓰셔서 놀랐습니다. 선생님의 책은 대단히 화제가 되었습니다. 박철희 선생님과 대화하면서 저도 여러 가지로 배웠습니다. 물론 저는 한일 관계가 좋기를 바라지만, 일본에서는 감정적인

반발만 많이 보입니다. 예를 들어, 일본 서점의 신간 코너에 가면 중국과 한국에 대한 험담을 써 놓은 책들만 자리해 있습니다. 그것도 작은 출판사가 아니라, 대형 출판사가 그런 책을 내놓고 있습니다. '중국은 망해라'라든가, '한국과는 사귈 필요가 없다'라든가, '왜 한국인에게는 마음(心)이 없는가'라는 대단히 과도한 제목이나 내용의 책만 있습니다. 그런 책이 많이 쌓여 있고, 유감스럽게도 잘 팔립니다. 그런 책을 읽고 후련하다든가 꼴좋다고 생각하는 속 좁은 일본인이 많은 것은 대단히 유감입니다. 죄송하게 생각하고 있습니다. 그렇기 때문에 저는 한국 서점에도 그런 책이 많이 있을 것이라고 생각하고 있었습니다. 친구에게 한국에 간다고 말했더니 "계란에 맞는 것이 아니냐.", "얻어맞는 것은 아니냐."라고 여러모로 걱정을 하더군요. 그런 것을 각오하고 왔는데, 오늘 여러 서점에 가 보았더니 그런 책은 전혀 없었습니다. 그러므로 한국 쪽이 훨씬 어른이고, 일본은 아이라고 할 수 있습니다. 일본이 아이라는 것에 대해서는 유감스럽게 생각합니다. 일본 도쿄(東京)의 신오쿠보(新大久保)나 오사카(大阪)의 쓰루바시(鶴橋)에서는 한국인이나 중국인에게 "돌아가라.", "죽어라.", "죽여라." 등 대단히 심한 욕을 퍼붓는 시위를 하고 있습니다. 헤이트 스피치 시위는 증오에서 비롯된 인종차별이며, 민족차별입니다. 그것도 신중히 생각해서 말하는 것은 아닙니다. 다만 "반발하고 싶다.", "기분을 후련하게 하고 싶다."라는 이유로 말하는 것이지요. 예전에는 "그런 것을 하면 안 된다.", "그만 두어라." 하고 말하는 사람이 있었지만, 지금은 그런 사람들이 없어지고 있습니다.

약 20년 전까지는, 예를 들어 그런 차별적인 발언을 하는 사람이 있다고 해도 "인간으로서 그런 말을 해서는 안 된다."라고 타이르는 사람이 있었습니다. 그래서 그런 말이 언론의 장(場)에 나오지는 않았습니다. 술집에서 취객이 하는 말이라고 해도 '그렇게까지 말하면 끝장이야'라는 느낌이 있었지요. 그런데 지금은 텔레비전이나 신문이나 주간지에서 전혀 다루지 않아도 인터넷을 통해서 퍼져 나갑니다. 여기서부터가 더욱 중요한 이야기인데요, 인터넷 세계에서 그러한 의견을 접하면, 혹시 그것이 진짜인가 하고 생각하는 사람이 있습니다. 매스컴이 말하지 않을 뿐인데, "인터넷에 진짜가 있는 것은 아닌가." 혹은 "용기 있는 발언이다." 하고 오해하는 사람이 매우 많습니다. 정치가가 그러한 일에 대해서 제대로 대처하는가 하면, 그렇지도 않아요. 예를 들어 아베 수상이 헤이트 스피치 시위에 대해서 아리타 요시후(有田芳生) 씨(민주당참의원의원)에게 국회에서 질문을 받았을 때, 그것은 정말 정도가 심하며 자신으로서는 용납할 수 없다고 말했습니다. 다만 아베 수상은 그렇게 말하면서도 절대로 법률로 규제하려고 하지 않으며, 오히려 그런 일이 조금은 있는 편이 좋다고 내심 생각하고 있을 것입니다. '중국이나 한국에서는 반일시위를 하고 있고, 반일 교육도 하고 있다, 그것이 정도가 심하므로 일본에서도 반발하고 있는 것이다.'라고 생각하고 있습니다.

그것이 아베 정권에 대한 지지로 이어지고 있습니다. 그런 식으로 오해하면서 서로 지탱하고 있는 부분이 있습니다. 넷우익인 사람들도 아베 정권에 의존하고 있습니다. 아베 수상도 "헤이트 스피치는 싫다."라든가, "용납할 수 없다."라고 말하면서도 그런 것이 조금은 있는 편이 좋다고 생각하고 있습니다. 그러니까 경찰도 거의 대처하지 않습니다. 넷우익의 시위에 대해서 "그건 좀 심하지 않냐." 하고 누군가가 말하면, 시위대가 우르르 둘러싸고 그 사람을 때립니다. 경찰도 모르는 체합니다. 그러니까 원래대로라면 신문이나 텔레비전이 그러한 것을 전부 보도하면 되는 거지요. 그런데 하지 않습니다. 왜냐하면 이 극심한 차별적인 시위가 행해지고 있다고 보도하는 것만으로도 보는 사람들에게 비판을 받습니다. "왜 차별적인 표현을 내보내느냐.", "왜 차별을 보도하느냐." 하고 말입니다.

방송국이나 신문사의 언론인들도 거기에 대해 비판할 생각으로 내보내는 것인데 오히려 자신들이 비난당하면 참을 수 없으므로 보도를 그만둡니다. 그러한 자유규제로 인해 대부분이 보도되지 않습니다. 그런데 최근에는 조금씩 목소리를 높이는 사람들도 나오고 있습니다.

법률로 단속하라는 사람도 있지만, 저는 법률로 단속하는 것에는 반대입니다. 우선은 이러한 부끄러운 일은 그만두자는 생각을 개개인 각자 가지는 것이 중요합니다. 또한 그들이 시위를 하면 그들과 나란히 걸으면서 그들의 모습이 길가의 사람들에게 보이지 않도록 플래카드를 많이 걸고 '헤이트 스피치 반대', '레이시즘 반대'의 목소리를 높이는 사람들이 있습니다. 이들을 카운터(counter)라고 말하는데요, 이러한 카운터 행동도 최근 늘어나고 있습니다. 그런데 일본 내에서 헤이트 스피치에 대해 비판하는 목소리가 있다는 사실은, 해외에는 별로 알려져 있지 않지요. 그래서 일본에서는 한국이나 중국에 대해서 심한 말을 하는 사람이 상당히 많으며 일본 전체가 그렇게 되어가고 있다고 세계가 생각하고 있습니다. 오늘 저는 그 오해를 풀고 싶습니다.

다만 일본도 매우 책임이 큰 것은 사실입니다. 예를 들어 8월 15일에 일본의 야스쿠니 신사(靖国神社)에 가면,

군대와는 아무런 관계도 없는 젊은이가 군복 차림을 하고 군인이 되어 있습니다. 그 사람들은 총(모조총)을 들거나, "공격이다."라고 말하면서 군가를 부르거나 행진을 합니다. 일본인이 보자면 평소에 그런 사람은 어디에도 없습니다. 8월 15일에만 이런 이상한 모습을 하고 모입니다. "곤란한 일이군."이라고 속으로 생각하면서 무시합니다. 그런데 외국의 기자나 카메라맨에게는 그 모습이 비일상적인 것이므로 대단히 진기하게 느껴지겠지요. 그래서 사진이나 동영상을 찍어서 그 모습을 세계로 발신합니다. 그러면 세계는 일본이 전쟁을 하려 한다고 생각합니다. 게다가 도쿄나 오사카에서 헤이트 스피치 시위를 하고 있으면, 역시 일본은 그렇다고 생각하지요. 게다가 아베 수상이 헌법을 개정하겠다고 하거나 집단적 자위권을 허용하겠다고 말하면, 세계 사람들은 역시 일본 전체가 전쟁의 방향으로 나아가고 있고, 일본이 또 한 번 아시아를 침략하는 것은 아닌가 생각합니다. 어쩔 수 없습니다. 정부를 비롯해서 일본이 꼴사납게 굴고 있고 정부가 잘못된 정보를 제대로 정정하고 있지 않기 때문이지요.

　작년에 저는 국회의원 대표인 아리타 요시후 씨와 함께 '외국인특파원협회'라는 곳에 불려갔습니다. 거기에서 세계 각국의 신문기자들한테서 질문을 받았습니다. "일본에서는 헤이트 스피치라는 민족차별이 이루어지고 있다, 거기에 대해서 듣고 싶다."라는 질문을 받았습니다. 저는 일본인 중 압도적으로 많은 사람이 민족차별을 하고 있지 않으며, 일부 이상한 사람들이 헤이트 스피치 발언을 하고 있을 뿐이라고 대답했습니다. 그런데 미국 기자가 손을 들고 다음과 같이 질문했습니다.

"4년 전 3월 11일 동일본대지진 당시, 세계는 일본을 모두 동정했습니다. 일본의 부흥을 보고 대단히 감동했으며 일본의 부흥을 지원했습니다. 일본에서는 그러한 패닉이 있었는데도 폭동이 일어나지 않았는데, 그 이유는 무엇일까? 그런 일본을 경이로운 눈으로 바라보고 있었습니다. 감동했습니다. 그런데 올해 2월 오사카에서 사건이 있었기 때문에, 그 이후로 세계는 일본에 대해서 냉담해졌습니다. 일본을 비판하고 있습니다."

저는 그때, 그것이 무슨 이야기인지 잘 알지 못했습니다. 나중에 확인해 보았더니 재일인(在日人)이 많이 살고 있는 오사카의 쓰루바시라는 지역에서 한 여중생이 연설을 했고, 그것이 인터넷상에서 확산되어 해외에서 화제가 되었다는 것을 알았습니다. 그 여중생은 "나는 (재일이) 정말 미워서 미워서 견딜 수가 없습니다. 정말, 죽이고 싶습니다. 계속 우쭐대면 남경대학살이 아니라 쓰루바

시대학살을 실행할 것입니다."라고 마이크에 대고 연설했던 것입니다. 보통의 경우라면, 아무리 아이가 말하는 것이라고 해도 흘려듣지 않고 "이봐, 이봐, 그만둬, 무슨 말을 하는 거야."라고 말립니다. 그런데, 주변의 어른들은 같은 생각을 가진 그룹이라서 "그렇다!" 하고 시끄럽게 떠들어댑니다. 그러나 그것은 너무나도 정도가 심하기 때문에 신문에 한 줄도 나오지 않습니다. 텔레비전에도 1초도 나오지 않습니다. 그래서 저는 몰랐습니다. 그런데, 외국 기자들이 자신들이 본 것을 발신하거나 인터넷에 올리기 때문에, 세계인들이 보게 됩니다. 특히 아시아인들은 거의 본 것 같았습니다. 여러분들 중에서도 보신 분이 있겠지요. 저도 쓰루바시 연설은 정도가 너무 지나치다고 생각했습니다. 일본인 전체가 한국인을 싫어한다든가, 또는 중국을 싫어한다는 오해를 받으면 견딜 수 없습니다. 그러한 일에 대해서 오늘 차분히 이야기해 보고 싶습니다.

조금 전에 박철희 선생님께서 말씀하셨듯이, 오늘 안중근의사 기념관에 다녀왔습니다. 그리고 나서 전쟁기념관에도 갔습니다. 사실 저는 30년 전에도 안중근의사 기념관에 간 적이 있습니다. 30년 전은 일본의 우익과 한국의 우익, 일본과 한국의 정치가나 군인 등이 상당히 사이가 좋았던 시대였습니다. 그 당시에 '적'은 소련이나 중국

같은 공산주의 국가였습니다. 그러한 세계의 공산주의에 대항하기 위해서 한국, 대만, 일본, 미국의 서측 국가는 손을 잡고 싸워야 한다는 의식이 있었습니다. 그렇기 때문에 당시에는 우익인 사람들도 한국에 와 있었습니다. 저는 이미 우익 운동을 하고 있어서 우익인 선생님에게 이끌려왔습니다.

그러나 저는 당시, 그런 분위기에 의문을 가지고 있었습니다. '공산주의 반대'라는 공통점만으로 미국, 한국, 대만, 일본이 모두 같은 것일까? 그것은 아니지 않은가? '민족주의'라는 것이 있지 않을까 하는 생각이 들어서 그러한 분위기가 불만이었습니다. 그러나 우익인 선생님이 같이 가자고 말씀하셨기 때문에 할 수 없이 같이 갔습니다. 대만에서는 가우디 장군이라는 대단히 위대한 장군과 만났습니다. 정치가나 군의 높은 사람들과도 만났습니다. 그 정도로 일본의 우익들은 신용을 받았었습니다. 방에 들어가면 세계지도가 있었고, 대만과 중국이 전부 같은 색깔이었습니다. "지금은 우리가 어쩌다가 여기에 있지만, 이 색칠된 부분이 전부 우리 나라다. 우리 나라는 강하다."라고 말했습니다.

또한 한국에 갔을 때는 우익인 선생님께서 "안중근의사 기념관에 가자."라고 말씀하셨기 때문에 저는 "안중근이라는 사람은 일본의 총리대신을 죽인 사람이잖아요."라고 항의했습니다. 그러자 "스즈키 군, 그것은 생각이 좁은 것이네. 분명 일본에서는 안중근이 좋은 사람이 아닐지도 모르지만, 한국에서는 안중근이 영웅이지. 그렇기 때문에 우리들도 애국자로서 제대로 경의를 표해야 한다."라고 말씀하셨습니다. 그때는 선생님의 말이 의문이었고, 말뜻을 이해하지 못했습니다. 그 후 여러 책을 보고, 안중근이라는 사람은 대단히 애국심이 풍부한 사람이었다는 것을 알게 되었습니다. 글씨에도 뛰어났고, 학자이기도 했습니다. 한국에서 만든 안중근에 대한 영화가 일본에서 상영되었기 때문에 보았습니다. 그리고 나서 북조선에서 만든 안중근 영화도 보았습니다. 아마도 여러분은 안 보셨겠지요. 저는 보았습니다. 그리고 제 생각도 점점 변해갔습니다.

최근 일본 자민당의 정치가가 "한국은 안 돼. 테러리스트를 상찬(賞讚)하고 있어. 기념관을 만들고 있다."라고 말했습니다. 저는 그러면 안 된다고 생각했습니다. 그런 사람들은 30년 전의 저보다 못합니다. 그들은 그러한 편협한 발상밖에 하지 못합니다. 그렇다면 메이지유신을 추진했던 사람들은 모두 테러리스트겠지요. 그런 논리대로라면 전쟁에 나간 사람들도 모두 테러리스트라고 해야 할 겁니다.

기념관을 본 후에는 전쟁박물관에도 갔습니다. 올해 3월 11일에 동일본대지진 추모제가 있었을 때, 전(前) 총리대신인 무라야마 도미이치(村山富市) 씨와 만났습니다. 그러자 무라야마 씨가 일전에 한국에 다녀왔다고 말씀하셨습니다. 전쟁박물관에도 가서, 그 일에 대해서 한국인과 이야기했다고 했습니다.

"일본의 침략전쟁은 심했다. 일본은 분명 지독한 일을 했고, 거기에 대해서는 제대로 사죄하지 않으면 안 된다. 그와 동시에 지금부터 어떻게 할지 생각해야 한다. 공동성명에 따라 우호적인 관계를 만들어 나가야 한다. 미래를 향해서 나아가는 것도 필요하지 않을까."라는 말을 들으셨던 것 같습니다. 그래서 저는 오늘 전쟁기념관에 다녀온 것입니다.

일본의 헤이트 스피치에 대해서 생각하면, 저는 언제나 떠오르는 일이 있습니다. 역시 이것도 약 30년 전이었는데요, 산케이 신문에서 전쟁에 대해서 시리즈로 출판했던 책이 있었습니다. 대단히 좋은 책입니다. 그중에서 사토 사나에(佐藤早苗)라는 사람이 쓴『누구도 쓰지 않았던 한국(誰も書かなかった韓国)』(サンケイ新聞社出版局)이라는 책이 있습니다. 사토 사나에 씨는 한국 문제에 대해

서 대단히 잘 알고 있는 사람입니다. 그 책에 충격적인 것이 쓰여 있었습니다. 그 내용을 소개하겠습니다.

북한에서 도망쳐 온 사람이 있었습니다. 그 사람을 한국에서는 모두 상찬했습니다. 대단하다고, 훌륭하다고 칭찬했습니다. 그런데 그런 분위기에 대해서 취학 전의 어린 아이가 "이상하다."라고 했습니다. "북한은 악마의 나라니까 모두 악마다." 그런 식으로 어른들이 가르쳤던 것이겠죠. "악마의 나라에 살던 악마가 그 나라에서 도망쳐 왔다면 그는 아직 악마다. 왜 모두 상찬하는가. 악마라면 바로 죽여 버려야 한다." 그렇게 말한 것 같습니다. 충격적이었습니다. 그렇기 때문에 '겉'과 '속'이라고 할까요, 한국 사람들도 북한 사람들도 겉으로는 서로 증오해 왔지만 속으로는 언젠가 하나가 될 것이라고 생각하고 있습니다. 그렇지만 학교에서는 공산주의를 비판하는 주장을 내세워야 하는 상황이지요. 그래서 강하게 '악마의 나라'라고 말합니다. 그런데 아이는 그 '악마의 나라'라는 말만을 믿어 버립니다. 도망쳐 왔다고 해도 그는 악마이므로 죽여야 한다고 믿어 버리는 거지요.

그 어린이는 지금은 성장해서 벌써 35, 36세가 되었습니다. 지금 그런 식으로 말하는 사람은 없고, 물론 그런 어른도 없습니다. 한국은 점점 성장하고 있습니다. 그런데 일본은 대여섯 살 아이인 채로 머물러 있습니다. "재일인은 나가라.", "한국인도 중국인도 나가라."라고. 그런 말을 아직 하고 있는 것이지요. 한심한 일입니다. "여기는 우리들의 나라다. 다른 나라에서 온 인간은 뭐냐."라고 말합니다. 자신들은 일본인이기 때문에 애국자이며, 외국인은 일본을 이해할 수 없다고 생각하고 있지요.

일찍이 자민당의 국회의원인 아라이 쇼케이(新井将敬) 씨라는 사람이 있었습니다. 대단히 좋은 사람이었습니다. 그런데 그는 나중에 증권 의혹 등 여러 가지 의혹을 받아 자살했습니다. 저는 만약 그가 살아 있었다면 수상이 될 만한 존재라고 생각하고 있었습니다. 이삼십 년 전, 아라이 쇼케이 씨와 나고야의 도카이TV(東海テレビ)에서 토론을 했을 때의 이야기를 들려드리겠습니다. 저는 아라이 씨, 가이에다 반리(海江田万里) 씨(전(前) 민주당의원장)와 같이 토론을 했습니다. 그 뒤 아라이 씨, 가이에다 씨와 함께 술을 마셨습니다. 그때 아라이 씨는 저에게 "스즈키 씨는 일본인이 되려고 했던 적이 있습니까?"라고 물었습니다. 저는 '이 사람은 무슨 말을 하는 건가? 나는 일본인이다. 계속 우익 활동을 하고 있지 않은가? 하고 생각했습니다. 그렇기 때문에 아라이 씨에게 "저는 원래 일본인이기 때문에 그렇게 생각해 본 적이 없습니다."라고 대

답했습니다. 그러자 아라이 씨는 "저는 매일 일본인이 되려고 공부하고 노력하고 있습니다."라고 말씀하셨습니다.

그는 재일이었습니다. 일본으로 귀화해서 자민당 국회의원이 되었지만, 여러 가지 차별을 받거나 비판을 받았습니다. '일본인이란 무엇인가?', '천황을 모르면 일본인이 아닌가?' 혹은 '미시마 유키오(三島由紀夫)를 이해하지 않으면 안 되는가?' 등등 여러 가지 문제를 생각하고 고민하면서, 다른 사람에게 묻거나 공부했습니다. 일본인이 되려고 하고 있었습니다. 그 순간, '쿵' 하고 머리를 얻어맞은 듯한 느낌이 들었습니다. 아라이 씨야말로 진정한 일본인이라고 생각했습니다. '나 같은 건 우연히 일본인으로 태어났을 뿐이지 않은가? 그런데 잘난 체하면서 일본인이라고 말하고 있다.' 지금 헤이트 스피치를 하고 있는 사람도, 우연히 일본에서 태어난 것뿐입니다. 일본인이 되려고 하고 있지 않습니다. 일본인이 무엇인지 모릅니다. 그런데도 "한국인은 나가라.", "중국인은 나가라."라고 말하고 있습니다. 그건 지나친 자만입니다.

지금은 너무나도 한일 관계가 험악하고, 또 일본에서는 한국이나 북한, 중국을 비판함으로써 자신을 애국자라고 생각하는 사람이 대단히 많습니다. 또 유감스럽게도 일반 국민 중에서도 '맞아, 맞아.' 하고 생각하는 사람이 많습니다. 그러한 것을 저는 여러 곳에서 말했습니다. 그러면 학생 시절에 우익이었던 예전의 동료들은 저를 향해 "너는 한국과 북한에 혼을 팔았다."라고 말합니다. 저는 40년 이상 우익 운동을 해 오고 있지만, 자기가 애국자라고 말하면서 운동을 하는 사람 중에 진짜 애국자는 없었습니다. 그러니까 여러분도 안심하십시오. 일본에서 "나는 애국자다.", "한국은 용납할 수 없다."라고 말하는 사람들은 진짜 애국자가 아닙니다. 그러한 것을 제대로 알고 나서, 다시 어떻게 하면 좋을지 생각해 나가고 싶습니다.

오늘 나눠드린 자료 중에도 있는데요, 정치가인 가메이 시즈카(亀井静香) 씨가 이렇게 말씀하셨습니다. "나라를 지키기 위한 안전보장 방법이라면, 우선 이웃나라와 사이좋게 지내는 것이 첫째 아닌가." 과연 그렇다고 생각했습니다. "국가는 국민을 지켜야 한다. 국가는 독립을 유지해야 한다."라고 하면, 아무래도 우리들은 방위력 강화, 외벽 강화를 떠올립니다. 그러면 다른 곳에서는 적이 오지 않을 것이고, 안심할 수 있다고 생각하지요. 그래도 적을 없애는 일에 대해 궁리하는 것은 정치가가 해야 할 일입니다. '국가 사이에서도 여러 가지 문제가 있을 것이고 다툼도 하겠지만, 그래도 절대적으로 전쟁은 하지 않도록 하자.' 이런 식으로 궁리하는 사람이 정치가입니다.

일본 자민당의 옛 정치가 중에는 이런 정치가가 꽤 있었습니다. 무슨 일이 생기면 한국에 가서 대화하고, 이것은 이런 식으로 하자든가 제안하거나, 전쟁만은 피하자고 이야기했지요. 그러한 선택의 폭을 지닌 정치가가 있었습니다. 그것은 중국과의 문제를 해결할 때도 마찬가지였습니다. 그런데 지금은 그런 정치가들이 거의 없습니다. 그런 정치가는 여러 가지 스캔들로 정치 일선에서 밀려나 버렸습니다. 지금은 스캔들이 없고 얼굴이 잘생긴, 그러나 정치를 할 힘은 없는 정치가가 많습니다. 그래서 외교 교섭 능력이 없습니다. 제가 여러 정치가들과 이야기하면서 "한국, 중국, 러시아, 북한에 가서 대화하거나 싸워서 조금이라도 정치를 나아지게 한다면 어떻겠습니까?" 하고 제안하면, 그들은 "그렇게 하고 싶다. 하지만 내가 북한이나 한국, 중국에 간다고 해도 상황은 곧바로 변하지 않는다. 일본에 돌아오면, 갔다 왔는데도 아무것도 변하지 않지 않았느냐는 소리를 듣는다. 한국에 가는 정치가는 '어째서 한국에 가서 일본 쪽 주장을 더 강하게 하지 않느냐' 하는 소리를 듣는다."라고 말합니다.

이렇듯 정치가는 위험한 일을 하고 싶어 하지 않기 때문에 일본에 있고, 일본이라는 안전권 안에 있으면서 "한국을 용납하지 않겠다.", "중국을 용납하지 않겠다.",

"전쟁도 불사하고 우리들은 싸울 것이다." 이런 말만 하고 있습니다. 그렇게 하는 편이 선거에서 당선되기 쉽기 때문입니다. 또한 그러한 정치가들이 TV토론회에서도 인기가 있습니다. 그렇기 때문에 일본의 정치라는 것은 전부 내향적입니다. 한국이나 중국에 대해서 말하는 척 하면서 일본국민에게 "나는 이렇게 싸우고 있다.", "나는 이렇게 열심히 하고 있다."라고 말하는 것입니다. 자기 자신에게 말하고 스스로 만족해서 도취되어 있는 것입니다. 또 자신이 도취상태임을 이해하지 못하고 있습니다.

한국은 점점 성장하고 있는데도, 일본은 아직 5, 6세의 어린아이인 채로 "저 녀석은 적이다, 적이니까 죽이자."라는 말밖에 하지 않습니다. 또한 그렇게 함으로써 자신을 애국자라고 생각합니다. 그런 것은 애국자도 뭣도 아니지요.

그밖에도 여러 가지 말하고 싶은 것이 있지만 일단 여기까지 하고, 지금부터는 선생님들과 함께 이야기하거나 여러분의 질문을 받고자 합니다. 오늘은 나고야 대학의 학생들이 와 주신 것 같네요. 대단히 훌륭합니다. 이렇게 일본과 한국의 학생들이 자유롭게 교류하고 있는 일은 일본에 거의 전해져 있지 않습니다. 싸우고 있는 것만 매스컴에서도 전하지요. 방송토론에서도, 한국은 짜증난다고 주장하는 과격한 사람을 불러서 싸움을 부채질하고 있습니다. 그러면 모두 재밌어 하면서 박수치고 시청률이 오릅니다. 일본에도 한국에도, 적어도 전쟁은 하지 말자고 구체적으로 이야기하려는 사람들이 많습니다. 그런데 그렇게 이야기가 잘 통해 버리면 재미가 없고, 시청률도 오르지 않습니다.

그와 관련해서 저에게도 체험담이 있습니다. 저는 작년 8월 한 달간 한국 방송국과 중국 방송국, 그리고 대만 방송국의 세 방송국과 연속해서 헤이트 스피치에 대해서 인터뷰했습니다. 2시간 정도 계속 전력을 다해서 이야기했습니다. 그러자 한국, 중국, 대만의 방송국 사람들은 "그렇습니까, 우익이라고 해도 헤이트 스피치에 반대하고 있는 겁니까? 또 일본인 대부분은 헤이트 스피치에 반대하고 있고 대단히 비판적이네요. 알겠습니다."라고 말했습니다. 그런데 어떤 방송국 사람이 "그런데 그것만 방송에 나가면 재미없으니까, 한국인이나 중국인은 모두 죽어야 한다고 말하는 사람을 소개해 주세요."라고 말했습니다. 모처럼 나는 전력을 다해서 이야기했는데, 그건 재미없다고 하는 겁니다. '재미있으면 그것으로 충분한 것인가?' 하고 유감스럽게 생각했습니다.

이것이 지금 매스컴의 나쁜 점입니다. 또 그런 것을

보고 있는 우리도 나쁩니다. 때때로 NHK에서 아카이브스(Archives)라는 옛날 방송을 해줍니다. 원자력발전소나 안전보장에 대해서 토론하는 이삼십 년 전의 방송도 해주었습니다. 그 토론 방송은 대단히 신사적입니다. 절대 상대의 말에 끼어들지 않고 상대를 매도하지 않으며 방해하지 않습니다. 서로 시간을 활용하면서 이야기하고, 같은 기회, 같은 회수를 제대로 지켜가면서 이야기합니다. '이렇게 신사적인 토론을 일본인이 할 수 있었는가?' 하는 생각이 들더군요. 그런데 그 방송은 전혀 재미있지 않습니다. 제대로 된 것을 보고 재미없다고 느끼는 우리들이 타락한 것이지요. 애초에 헌법을 어떻게 할 것인가, 행정을 어떻게 할 것인가, 한일 관계를 어떻게 할 것인가와 같은 진지한 주제를 재미있게 만들려는 것 자체가 잘못입니다. 재미없어도 됩니다. 재미있는 방송은 다른 주제로 하면 됩니다. 그러니까 학생 여러분은 '언론과 힘'이라는 것을 좀 더 고민해 주셨으면 좋겠습니다.

자, 이제 어떻게 하면 일본과 한국이 사이가 좋아질 수 있을지 생각해 보고 싶습니다. 한 가지 희망으로는, 6년 전쯤에 도쿄에서 〈세계애국자평화회의〉를 한 적이 있습니다. 프랑스, 영국, 벨기에, 헝가리, 루마니아, 포르투갈 등 유럽의 국회의원들을 일본에 초대해서 회의를 열었습니다. 모두 각국의 애국자를 대표하는 사람들이었습니다. 서로 자국의 국익을 생각한다면 가장 이야기가 통하지 않는 사람들일지도 모릅니다. 그런데 그때는 프랑스 국민전선의 르펜(Jean-Marie Lepen) 씨를 비롯해서 각국의 애국적인 국회의원들과 일본의 우익들이 이민 문제 등 여러 가지 주제로 대화를 나누었습니다. 전쟁은 아마도 자신은 애국자라고 생각하는 사람이 우선 불을 지필 것입니다. 그러니까 처음에는 애국자끼리 싸우는 것입니다. 이것은 국익에 어긋난다든가, 이것은 국가로서는 허용할 수 없다든가, 자신이 국가가 된 듯이 말합니다. 그러한 애국자끼리의 싸움, 그것이 커져서 나라 전체가 애국자가 되고 싸움이 되고 전쟁이 되는 것입니다. 그러니까 애국자끼리 오해를 풀거나 다른 해결책을 찾거나 하는 일이 가능한 것은 아닌가? 그럼으로써 전쟁도 없앨 수 있지 않을까? 적어도 피할 수 있지 않을까? 저는 그렇게 생각했습니다. 또한 유럽과 일본은 서로 먼 나라이므로 의외로 이야기가 잘 통합니다. 그런데 한국, 북한, 중국, 베트남 등의 애국자들이 모여서 애국자평화회의를 여는 일은 꽤 어렵습니다. 다만 그러한 방향을 염두에 두어도 좋을 것이라고 생각합니다.

그런데 자기는 나라를 위해서 싸우고 있다고 주장하

는 사람들, 그들은 대부분 위선자인데, 그런 사람들이 싸우는 겁니다. 그래서 '다스린다(治める)'는 것에 대해서 생각해볼 필요가 있는 것은 아닌가 합니다.

여러 가지로 정리가 안 된 이야기였지만, 최근 생각한 것들에 대해서, 그리고 어떻게 하면 한일 문제가 발전적인 방향으로 나아갈 수 있을지에 대해서 조금 말씀드렸습니다. 감사합니다.

사회자 : 감사합니다. 하실 말씀이 아주 많으시겠지만 오늘은 짧게 정리해서 말씀해 주셨다고 생각합니다. 오늘의 논의를 깊이 있게 다루기 위해서 박철희 소장님께서 말씀해 주셨으면 합니다.

소장 : 스즈키 씨, 감사드립니다. 두 가지 정도 여쭤 보고 싶습니다. 첫 번째는, 오늘 강연의 주제는 '나는 왜 헤이트 스피치에 반대하는가.'인데요. 이 배경에 대해서 좀 전에 말씀해 주셨지만, 구체적으로 헤이트 스피치에 반대하게 된 계기에 대해서 개인적인 견해를 듣고 싶습니다.

두 번째는, 스즈키 씨는 신우익의 대표적인 존재라고 알려져 있습니다. 신우익은 구우익과 어떻게 다르며,

신우익의 입장에서 본 넷우익이란 무엇인지, 또 넷우익을 정말로 우익이라고 할 수 있는지 묻고 싶습니다.

스즈키 구니오 : 일본에서 우익운동을 하고 있는 사람들 대부분이, 헤이트 스피치에 반대하고 있습니다. 여러분은 헤이트 스피치를 하고 있는 사람을 일본의 우익이라고 생각하실지도 모르겠지만, 전혀 그렇지 않습니다. 그 이유는, 일본 우익 중에는 재일이 꽤 많기 때문입니다. 그러므로 자기 스스로 현실 문제로 대단히 힘들다고 생각하면서 싸워온 사람이 많습니다. 그 중에는 좀 전에 말씀드린 아라이 쇼케이 씨처럼 '일본이란 무엇인가?', '일본인이란 무엇인가?'를 고민해온 사람이 꽤 있습니다. 또한 저도 그렇지만 우익이라는 이유로 여러 가지 형태의 차별을 받아온 사람도 꽤 있습니다. 그러니까 차별 문제에 대해서는 굉장히 나이브해져 있습니다. "저 놈은 우익이니까." 또는 "저 놈은 한국인이니까."라는 이유만으로 인간성을 박탈하는 일은 받아들일 수 없습니다.

다만 왜 우익들이 가만히 있었는지 말씀드리자면, "저렇게, 단지 욕을 하고 있는 것뿐이라면 누구도 공감은 하지 않겠지. 저런 것은 금방 없어져."라고 저를 포함한 모두가 생각하고 있었습니다. 그런데 안 없어지는 거죠. 그리고 일본에 실재하는 사람들, 부락해방동맹(部落解放同盟) 사람들은 예전 같았으면 아마 "뭐야, 저건."이라고 하면서 헤이트 스피치를 하고 있는 사람들에게 항의하고, 싸움을 벌였을 것입니다. 그런데 지금은 텔레비전과 같은 매스컴이 있으니까 그들을 비판해서 폭력 사태가 벌어지고, 그것을 빌미로 경찰에 이용당하고 탄압당한다면 견딜 수 없기 때문에 굉장히 자제하고 있습니다.

제가 생각할 때, 넷우익이 싸움을 걸고 고함을 치고 때리는데도 넷우익에 대한 비판을 계속 할 사람은 없을 것 같습니다. 만약 같은 사건으로 싸움을 벌여도 그런 사람들은 바로 체포당하거나 가택수색을 당하거나 합니다. 그러니까 경찰은 노리고 있는 것이지요. 어떤 의미로 일본 경찰은 일부러 소동을 크게 만들려고 하는 측면이 대단히 큽니다. 아무 일도 없다면 경찰은 필요 없으니까요. 여러 가지 시위를 하거나, 치고받거나 분규를 벌이거나 해서, '역시 일본인에게는 공안(公安) 경찰이 필요하다.'고 인식되도록 하면서 자신들의 존재를 나타 내려고 하는 것입니다. 신우익이라든가 넷우익이라고 불리는 사람들은 진정한 우익이 아니지요. 우익·좌익이라는 말은 애초에 프랑스 혁명에서 생겨난 말입니다. 프랑스 혁명 후, 국민의회 의장석에서 볼 때 오른쪽에 앉은 의원들이 보수파였습니다. 또 왼쪽에 앉은 의원들은 혁명파(革命派), 신파(新派)였습니다. 의회라는 것은 날개를 펴고 있는 것처럼 보이지요. 그래서 이쪽은 오른쪽 날개, 이쪽은 왼쪽 날개라는 의미에서, 우익과 좌익이라는 말이 생겼다고 알고 있습니다. 그러니까 프랑스 혁명 후에 생겨난 말인 것이지요. 당시는 특히 우익과 좌익이 서로를 '나쁘다.'라고 비판하는 일은 없었습니다. 프랑스 혁명을 기반으로 삼아서, 더욱 속도를 올리자든가 혹은 천천히 가자든가 하는 논의를 했습니다. 즉, 우익과 좌익은 속도가 달랐던 것이지, 선악으로 구분되는 것이 아니었습니다. 그것이 어째서 선악의 구분이 되었는지 말씀드리자면, 그 후에 일어난 러시아 혁명을 주도했던 사람들이 자신들을 좌익이라고 칭하고 왕을 지키거나 지주나 귀족과 싸우거나 하는 사람들은 모두 우익이라는 칭하면서, 우익이라는 말이 나쁜 의미가 되었습니다.

그로부터 수년 뒤에 일본에서 공산당이 만들어졌습니다. 그러자 일본의 공산당 사람들도 자기들은 좌익이고 천황을 지지하거나 재벌을 지키는 사람들은 모두 우익이라고 칭했습니다. 그래서 우익이라는 말은 일본에서도 나쁜 의미를 지닌 말이 되었습니다. 그런데 1960년 무렵부터 일본에서 공산주의 혁명의 위기가 있었기 때문에 좌익에게서 나라를 지키려는 사람들, 중국 또는 소련과 맞서 나라를 지키려는 사람들이 자신들을 우익이라고 인식하게 되었습니다. 처음에는 어디까지나 경찰이 '좌다', '우다' 하는 레테르(letter)를 붙여서 구별하기 위한 것이었지만, 우익 사람들은 자신들을 우익이라고 생각해 왔습니다.

그렇지만 우익이라고 불리는 사람들 중에도 "우리들은 우익이 아니고, 극단적으로 오른쪽으로 기울어져 있는 것도 아니다.", "우리들은 어디까지나 일본인으로서 당연한 것을 주장하고 있는 것이다."라고 반발하는 사람도 많습니다. 또한 '우익은 폭력단'이라는 레테르를 붙여 버리는 일도 있어서, 저도 우익이라고 불리는 것이 싫었습니다.

저희들은 우익이 아니라 민족파라는 말을 써 왔습니다. 어떤 평론가가 "지금까지의 우익과는 다르니까, 신우익이라고 불러야 한다."라고 말을 꺼내서, 신우익이라는 말이 정착되었습니다. 그러므로 낡은 우익이 있고, 완전히 새로운 우익이 있는 것이 아닙니다. 그렇지만 매스컴은 그렇게 구분하고 있습니다. 넷우익은 그러한 우익이나 신우익에 비판적이며, 이러한 무리와 자신들은 다르다고 주장합니다. 그래서 자신들을 "나라를 사랑하는 시민파(市民派)"라고 자칭합니다.

그리고 최근 일본에서 유행하고 있는 것은 '보수'라는 말입니다. 자신들은 보수파이며, 흉폭한 우익과는 다르다고 말하지요. 그렇지만 이것도 저는 대단히 이상하다고 생각합니다. 저희들이 학생이던 시절에는 좌익이 압도적으로 강했고, 우리 우익 쪽 학생들은 괴롭힘을 당했지만, 좌익과 우익이 함께 보수인 사람들을 싫어했습니다. 물론 좌익은 혁명이나 혁신을 생각하고 있었기 때문에 "지금 그대로가 좋다."라고 주장하는 보수를 싫어했습니다. 그런데 우익 역시 보수를 싫어했습니다. "타락한 일본이 싫다.", "오른쪽에서부터 바꿔나갈 것."이라고 하여 "보수가 싫다."라고 주장합니다. 그런데 요즘에는 보수라는 말이 대단히 플러스 이미지를 가진 말이 되었습니다. 이상한 느낌이 들고, 위화감이 있습니다.

여러분들께 나눠드린 자료에도 쓰여 있지만, 이제 좌

익이란 말은 없는 것과 마찬가지이고, 우익도 거의 없습니다. 그것은 어떤 의미로는 좋은 일일지도 모릅니다. 다만 방금 전에도 말씀드렸듯이 보수파나 넷우익이 외국을 공격함으로써 자신들의 정당성을 지키거나 자신들을 애국자라고 생각해 버리는 식으로, 잘못된 생각을 가진 사람들이 상당히 늘어난 것 같습니다.

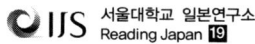

# 질의응답

- 예전에 좌익 평론가인 다케나카 로우(竹中勞)라는 사람이 이렇게 말했습니다. "중국인이 중국을 사랑하는 것을 이해한다. 한국 사람이 한국을 사랑하는 것을 이해한다. 그것이 애국심이다."라고. '나는 일본인이다, 그러니까 일본을 사랑한다.'고 생각하는 것은 단지 자기만족일 뿐, 애국심도 무엇도 아닙니다. 다른 나라 사람이 그 나라를 사랑한다는 것을 이해해야 합니다.

## 질의응답

사회자 : 지금부터 질의응답 시간을 갖고자 합니다. 질문이 있으신 분은 손을 들고 말씀해 주십시오.

질문자1 : 오늘 귀중한 이야기를 들려주셔서 감사드립니다. 저는 일본 지역학을 전공하고 있는 김하나라고 합니다. 두 가지 질문이 있습니다. 우선 첫째는 아까도 말씀하셨듯이 애국자라든가 우익이라든가 하는 말 자체에 대해서는 여러 가지 의견이 있을 것 같습니다. 그래서 '애국자'와 이른바 나쁜 의미의 '민족주의자'의 다른 점이 무엇인지 묻고 싶습니다. 두 번째 질문은, 지금의 문제는 '헤이트 스피치는 싫다.'고 주장하는 정도로는 해결되지 않는 상태라고 생각합니다. 그렇기 때문에 정당하게 해결할 수 있는 법안을 제안한다든가, 그런 운동을 하고 계신지 알고 싶습니다.

스즈키 구니오 : 헤이트 스피치를 금지하는 법안을 만들려는 움직임은 실제로 있습니다. 국회의원도 모여서 위원회에서 집회를 열고 있고, 대학 교수 중에도 그러한 안(案)을 만들고 있는 사람이 많습니다. 저도 거기에 불려가서 이야기를 했습니다. 그렇지만 저는 법률로 규제해야 한다고는 생각하지 않습니다. 예를 들어 독일은 제대로 법률을 만들고 있지요. 철저하게 자신들은 반성하고 있으며, 절대 그런 것을 허용하지 않는다는 결의를 외부에 강하게 표현함으로써 EU 안에서는 신뢰를 얻고 힘을 지니고 있습니다. 독일과 프랑스는 격렬한 침략전쟁을 하고 있었음에도 불구하고 제대로 이야기가 통했습니다. 이제 두 번 다시 유럽 안에서는 전쟁을 하지 않는다고 서로 합의가 된 것 같습니다. 그 점은 훌륭하다고 생각합니다. 다만 일본에서 그런 일이 가능할지에 대해 생각해 보면,

일본은 국민성이 다르기 때문에 어려울 것 같습니다. 일본이 전쟁을 결정했을 당시 수상이었던 도조 히데키(東條英機)라는 사람이 있습니다. 도조 히데키의 손녀 도조 유코(東條由布) 씨가 최근 세상을 떠났는데요, 그 사람과 저는 방송국에서 몇 번 만나서 이야기한 적이 있습니다. 그런 사람도 일본에서는 당당히 이야기할 수 있습니다. 당시라면 안 되었겠지요. 유코 씨는 할아버지(도조 히데키)가 대단히 훌륭했다고 주장합니다. 할아버지에게 국민들이 전쟁을 시작하기 전에도 엄청나게 많은 편지를 보냈다고 합니다. 어떤 편지가 왔냐면 "겁쟁이"라든가, "너는 전쟁을 시작할 용기가 없다. 죽어버려라!" 같은 협박 편지였습니다. 그러니까 도조 히데키는 무리해서 국민을 전쟁으로 이끌었던 것이 아니라는 거죠. 유코 씨는 "오히려 할아버지는 전쟁이 싫었는데 국민들에게 협박당했다. 국민 전체가 전쟁을 하자고 하는 상황에서 어쩔 수 없었다."라고 말했습니다. 그게 전부 진짜인지는 알 수 없지만, 다만 군부나 천황, 정치가만이 무리해서 전쟁을 하려고 평화적인 국민을 전쟁으로 이끌었던 것은 아니라고 봅니다. 국민들도 어떤 의미로는 과격했던 거지요. 지금도 국민들이 중국이나 한국에 대한 비판적이고 과격한 이야기가 쓰인 책을 좋아하면서 읽습니다. 또는 말이나 글로 자기 생각을 발표합니다. 그것은 더욱더욱 생각할 필요가 있다고 봅니다. 그러니까 저는 독일처럼 제대로 철저히 하지 않으면 어렵다고 생각합니다.

그와 동시에 그런 법률을 만들어 버린다면 거꾸로 여러 가지 형태로 악용될 수 있습니다. 어디까지나 차별적인 언행을 그만두게 하기 위해서 법률을 이용하는 것이라고 하면서 악용될 수 있지요. 가령 현장의 경찰관에게만 그에 대한 판단을 맡기면, "이것은 국가를 부수는 것을 목적으로 한 시위다.", "이것은 아베 정권을 타도하기 위해서 하는 시위니까 인정할 수 없다."라는 식으로 얼마든지 사용될 수 있습니다. 그러므로 외국인을 핍박하거나 차별하는 행위를 용납할 수 없다는 것은 당연한 이야기인데 그런 당연한 일에 대해서 법률을 만드는 것은 일본인으로서 한심하다고 생각합니다. 그런 일을 부끄럽게 여기고, 모두의 힘으로 그만두게 만드는 것이 중요합니다.

사회자 : 선생님께서 말씀하시는 일본인의 애국이란 무엇입니까?

스즈키 구니오 : 말이 본래의 의미를 잃어버렸습니다. 자료에도 써 놓았는데, 미시마 유키오가 자결하기 2년 전에 아사히신문 칼럼에서 애국심에 대해서 이렇게 썼습니다. "사실 나는 '애국심'이라는 말을 별로 좋아하지는 않는다. 어쩐지 '애처가'라는 말과 닮아서 등골이 서늘해진다."

그 말을 듣고, 저는 불끈 화가 치밀었습니다. 미시마 유키오는 애국자라는 말은 관제(官製), 즉 위로부터 나라가 강요하는 말로, 자신들이 나라 저쪽으로 휙 날아가서 좋을 대로 일본을 사랑하는 것이며, 그저 자부심일 뿐이라고 말합니다. 당시에는 몰랐습니다. 그렇지만 지금은 압니다. 본래 '사랑'은 무한정·무조건이어야 하는데, '애국심'은 국경으로 막힌 사랑입니다. 지금 '나야말로 애국자'라고 말하는 사람은 모두 그런 것입니다. 나는 애국자라고, 자기는 다른 사람과 다르다고 하면서 스스로 만족하지요. 애국자라는 말에 사랑은 없습니다. 애국자라는 말은 "나는 애국심이 있지만 이들에게는 없다, 이들은 애국자가 아니다."라는 식으로, 다른 사람을 비방 중상하고 비판하기 위해 사용되고 있습니다. 비판하기 위해 사용되는 말은 더 이상 말이 아닙니다. 그것은 단지 폭력입니다. 그러니까 애국이라든가 매국이라든가 비국민이라든가, 그런 말들이 지금도 아직 있지만, 전부 사어(死語)로 만들면 좋겠습니다.

일본의 우익에게는 꽤 난폭한 면이 있습니다. 저도 예전에는 난폭한 운동을 했습니다. 그렇지만 일본에서 가장 유명한 우익단체인 〈일본애국당(日本愛国党)〉을 만든 아카오 빈(赤尾敏)이라는 사람은 일본과 한국과 대만과 미국은 연대해야 한다고 줄곧 주장했습니다. 그때 저는 아카오 씨가 하는 말을 이해하지 못해서, 그렇게까지 할 필요가 있을까 생각했습니다. 당시에도 독도 문제가 있었습니다. 아카오 씨는 "작은 섬과 한일 우호, 둘 중에 어느 쪽이 소중한가?"라고 말했습니다. 지금은 모두 작은 섬이 중요하다고 합니다. 그런데 아카오 씨는 이렇게 말했습니다. "적은 강하다, 공산주의는 강하다, 소련은 강하다. 이러한 상황 속에서 일본, 한국, 대만, 미국은 단단히 뭉쳐서 싸워야 한다. 그 우정과 연대를 위해서라면 섬 따위 어떻게 되어도 좋다. 한일 우호에 섬이 방해가 된다면, 다케시마 따위는 다이너마이트로 폭파시켜 버려." 지금 그렇게 말하면 살해당합니다(살해당한다는 표현은 격심한 비난을 받는다는 것을 어디까지나 비유적으로 말한 것입니다). 아카오라는 특별한 사람이 말했으니까, 안 죽은 거지요. 애초에 모두가 같은 생각을 했더라도 말하지 못했을 것입니다. 어떤 의미로 대단합니다.

그리고 또 꽤 오래전이지만, 히노마루(日の丸), 기미가요(君が代)를 법제화하는 일에 대해서 아카오 씨가 "기미가요를 부르는 것은 당연하다. 그것을 법률로 일부러 강제하는 것은 이상하다."라고 말했습니다. 이것은 헤이트 스피치의 문제와도 통합니다. 당연한 감정이라면, 그것을 일부러 법률로 규제하는 것은 이상합니다.

"만약 아이들로 하여금 노래를 부르게 하려면, 어른이 노래를 부르면 된다. 아이들은 잠자코 따라온다. 국회에서 매일 부르면 된다. 혹은 개회식에서 부르면 된다. 그러면 사회당과 공산당 의원들은 부르지 않을 것이다. 그래도, 부르지 않는다고 해서 처분할 수 있는가. 국민이 뽑은 대표니까 처분할 수 없지 않은가. 그렇다고 해서 약한 처지에 있는 사람에게 강요하는 것은 잘못이다."

정론(正論)이지요. 아카오 씨는 이밖에도 대단한 말을 많이 남겼습니다. 당시에는 몰랐고, 지금에 와서야 알게 되었지만, 그러한 것을 포함해서 여러 가지 문제를 해결해 나가고 싶습니다. 그러니까 저도 그렇지만, 우익 사람들에 대한 평판은 그다지 좋지 않습니다. 그렇지만 아카오 씨는 상당히 직설적으로 솔직하게 정론을 주장했지요. 지금 '보수'를 주장하거나 스스로를 '애국자'라고 말하는 사람들이 사기를 치고 있는 겁니다.

질문자2 : 오늘 여러 가지로 귀중한 말씀을 해 주셔서 감사드립니다. 저는 서울대 정치외교학부 3학년 '임'이라고 합니다. 저도 오랫동안 일본에서 살았는데요, 정권이 민주당으로 바뀐 시점부터 일본이 점점 우경화하는 것인지, 2ch(2채널)을 비롯한 인터넷을 통해서 살펴보고 있었습니다.

질문을 두 가지로 정리해 보면, 최근 한국에서 주한 미국 대사에 대한 테러가 있었습니다. 그 범인은 이전부터 과격한 테러 행위나 정치 활동을 해 왔고 예전에 일본 대사에게도 비슷한 테러를 한 경력이 있다고 들었습니다. 그 동기에 대해서 알아봤더니, 자신의 이야기를 누구도 들어 주지 않으니까 과격한 행동으로 표출하는 정도가 점점 심해져서, 오늘날의 사건에 이르렀다는 분석이 주류였습니다.

이 경우, 오히려 표현의 자유라는 것을 보장해서 조금 과격한 주장을 지닌 사람이라도 그 주장을 자유롭게 말할 수 있고 전부 받아들여지지 않더라도 그것을 모두 표현할 수 있는 장(場)이 보장되어야 한다고 생각하는데, 표현의 자유에 대해서는 어떻게 생각하시는지 여쭙고 싶습니다.

그리고 한국에도 2ch과 같은 우익 사이트가 있어서 대단히 문제가 되고 있습니다. 꽤 비슷한 것 같은데요, 개인적으로 무엇이 다른지 생각해 보면 일본은 내셔널리즘의 부재라고 할까, 역시 전쟁을 했던 역사가 있기 때문에 건전한 내셔널리즘을 학생들이 배우지 못했다는 시각이 가능할 것 같습니다. 최근 한 책을 읽었는데 경제 경기가 나빠서 젊은이들이 그 스트레스를 해소하기 위해서 넷우익이 되었다기보다, 정치적인 맥락에서 바라보았을 때 건전한 내셔널리즘이 없고, 일본인으로서 자신의 정체성을 구축할 기회가 없었기 때문이라는 지적이 있었습니다. 이 지적에 대해서는 어떻게 생각하십니까?

질문자3 : 안녕하세요. 저는 서울대학교 국제대학원에서 일본정치학을 전공하고 있는 김원민이라고 합니다. 귀중한 말씀 감사드립니다. 저로서는 우익인 분을 직접 만날 기회가 없기 때문에 오늘 이 기회를 이용해서 조금 건방진 코멘트를 해 보고자 합니다.

스즈키 씨도 말씀하셨듯이 일본의 우익이 헤이트 스피치에 반대하는 입장이라는 것은 여러 경로를 통해서 알고 있었습니다. 그 의견의 주류에는 '헤이트 스피치에는 우익의 사상이 없다.'는 것이 있었습니다. 그래서 일본의 우익 사상이 무엇인지 알아보았는데요, 애국주의가 중심에 있고, 나머지는 역사수정주의라든가, 천황숭배라든가, 배외주의라든가 그런 것이 있었습니다. 헤이트 스피치를 하는 재특회나 넷우익에 반대하는 의견도 많았지만 그 넷우익의 중심 세력이 재특회이기 때문에, 재특회가 무슨 주장을 하고 있는지 알아보았습니다. 그들은 재일한국인의 특권이 특별영주권, 통명(通名)제도, 조선학교에 대한 보조금, 생활보조금 등이라고 주장하지만, 그중에는 사실과 다른 것도 있습니다. 그런 일이 지금 일어나고 있는데요. 그것은 '그냥 한국인'이었던 사람들이 왜 '재일한국인'이 되었는지에 대한 역사에 대한 이해가 없거나, 이해를 하고 있어도 무의식적으로 하고 있기 때문인 것 같습니다.

그러므로 일본의 우익이 정말로 재특회의 헤이트 스피치가 부끄럽다고 생각하고 있다면, 어째서 그러한 현상이 일어났는지를 궁리해야 합니다. 그렇게 역사를 무시하거나 오해하는 현상은 1990년 무렵부터 〈새로운 역사 교과서를 만드는 모임(新しい歷史敎科書をつくる会)〉이 주도했던 역사수정주의가 원인이라고 보기 때문에, 애국자들의 협력이 중요하다고 말씀하신 선생님께 이러한 말씀을 드리기는 죄송하지만, 어째서 재특회가 그렇게 특권이 아닌 것을 특권이라고 주장하고 있는지 그 이유와 배경에 대해서 이해가 필요한 것은 아닐까 합니다.

스즈키 구니오 : 지금은 일본의 매스컴도 상당히 우경화하고 있지만, 오랫동안 계속 매스컴은 좌익이라고 여기던 때도 있었습니다. 저도 그렇게 생각했지요. 대학에 들어가서 우익 운동을 했습니다. 졸업하고 나서는 산케이 신문사에서 근무하다가 잘렸고, 그 후에 또 계속 우익 활동을 했습니다. 그때는 우리가 어디까지나 소수파라고 여겼고, 매스컴은 우익의 의견을 전혀 내보내지 않는다고 생각했습니다. 길거리에서

연설을 하든 무엇을 하든 국민에게 닿지 않는 것 같았습니다.

그러는 중에 우익 쪽 사람들은 꽤 시위를 했습니다. 신체를 걸고 발언하는 겁니다. 어딘가에서 사건을 일으키거나, 어딘가의 좌익 신문사에 몰려가서 소동을 일으켜서 경찰에 잡혀갑니다. 그러면 신문은 이 사건을 사회면에 씁니다. 보통은 우익의 말을 전혀 실어주지 않지만, 사건을 일으킴으로써 비로소 우리들의 주장이 신문에 실립니다. 소극적인 핑계지만, 그 방법밖에 없다고 생각했던 시기도 있었습니다. 저도 그렇게 생각했습니다. 그래서 저는 4번 정도 체포당했습니다. 한 달 간격으로 체포당했었지요. 당시에는 범죄를 저질렀다는 의식이 없었고, 오히려 좋은 일을 했다고 생각했습니다.

그 후 『아사히저널(朝日ジャーナル)』이라는 잡지나 〈아사마데 나마테레비(朝まで生テレビ)〉라는 텔레비전 방송이 생겨서 텔레비전이나 신문에서 발언할 기회가 있다는 것을 알았습니다. 그러자 오히려 발언이 힘들다는 것을 깨닫게 되었습니다. 사람을 때려서 해결될 문제가 아니니까요. 모두가 보고, 모두가 주목하는 상황에서 말로 싸우는 편이 더 힘들었습니다.

또한 그러한 형태로만 자신들의 주장을 관철하려 해서는 안 된다고 생각했습니다.

예를 들어, 지금은 돌아가셨지만 아사히에서 토론했던 지쿠시 데쓰야(筑紫哲也) 씨나 〈아사마데 나마테레비〉 등에서 현재도 활약하고 있는 다하라 소이치로(田原総一朗) 씨 등 여러 사람들에게 저는 굉장히 감사드리고 있습니다. 왜냐하면 그 무렵 저는 아직 체포되는 등의 위험한 일을 여러 가지로 하고 있었습니다. 그런 인간을 아사히신문이나 TV아사히에 내보냄으로써 그분들은 '혹시 스즈키가 또 사건을 일으키면 어쩌나' 하는 리스크를 안게 되었지요. 그렇게 된다면 아마 지쿠시 씨도, 다하라 씨도 책임을 지고 그만둔다는 각오가 있었을 것입니다. 지금 생각해 보면 대단히 용기 있는 사람들이었습니다. 의견이 다른 사람이라도 싸움의 장(場)에 오르게 해서 싸웠습니다. 지금까지 두려워서 누구도 문제 삼지 않았던 천황제나 부락 해방 문제나 원자력 발전소 문제에 대해서 논쟁할 때, 서로 입장이 완전히 다른 사람을 싸움의 장(場)에 끼워 넣어서 이야기한 것이지요. 그런 의미에서는 대단히 획기적이었습니다.

그러나 그런 일은 점점 없어지고 있습니다. 민주당이

정권을 잡은 뒤에 그런 문제를 해결하려고 했지만, 정권을 잡았을 때 동일본대지진이 일어나서 대단히 불행했고, 정치에 꿈과 이상을 불어넣었기 때문에 실패했다는 비판도 받았습니다. 오키나와 문제나 원자력 발전소 문제 등을 해결하려고 할 때, "좀 더 현실을 보는 정치를 해야 한다. 그렇게 해야 문제를 해결할 수 있다. 그 점에서 자민당은 훌륭하지 않았는가?" 하는 소리를 듣게 되었습니다. 실제로 그러한 의견이 우세해져서 지금 자민당의 정치가, 보수파의 힘이 강한 것 같습니다.

애초에 그들은 방위를 강하게 하고 싶어 했기 때문에 "문단속을 확실히 하면 적이 들어오지 않는다."라고 주장합니다. 점점 논의가 유치해져 가고 있지요. 모두가 알 수 있게 해야 한다는 명목으로 유치해져 가고 있습니다. 예전에는 애국주의를 염두에 두고 있으니까, 배외주의는 나쁘다고 말할 수 있는 자유도 있었습니다. 또한 비무장화(非武裝化)하면 군대 같은 것은 필요 없다고 말할 자유가 있었습니다. 지금은 없습니다. 그런 말을 하면 호되게 비난당하고 짓밟힐 뿐입니다. 모든 언론이 폭력적으로 변해가고 있습니다. 유치해지고 있습니다. 일본은 중국이나 한국 등

여러 나라를 통해 배웠으며 또 여러 나라에서 사람들이 오기도 했고 다이카 개신(大化の改新)(서기 645년) 등도 있었습니다. 그 덕분에 일본이 커질 수 있었던 것은 사실입니다. 그런 의미에서 저는 한국을 '형님'이라고 생각합니다. 그러니까 형님인 여러분께서는 일본이 여러 가지로 한국에 대해서 비방하고 중상(中傷)하거나 말도 안 되는 이야기를 하면 '안 되겠군, 동생이 좀 뒤틀려서 반항하는군.' 이런 식으로 생각해 주십시오. 그리고 구체적인 제안을 내놓아 주십시오. 그런 일을 합시다. 재미없어도 괜찮지 않습니까. 텔레비전에서라도 괜찮고, 또 오늘은 신문사 분들도 계시니까 신문사에서도 괜찮고, 출판사 분들도 계시니까요. 출판을 통해서도 괜찮습니다. 그런 일이 가능하다면 좋겠네요.

일본인은 굉장히 심약합니다. 다른 사람에게 조금이라도 비판받으면 바로 화를 냅니다. 여러 가지 정보가 너무 많아서, 인터넷에서 언쟁하고 그것 때문에 싸우거나 사람을 죽이는 사건이 많습니다. 다른 사람에게 비판받는 일에 약한 거지요. 개인뿐만 아니라 일본이라는 나라에 대해서도 마찬가지로 말할 수 있습니다. 일본에 대한 작은 비판도 받아들이지 않습니다. 아사히신문의 오보 사건 이후 길거리에서 이른바 '우익'이 아닌 오히려 '시민파'나 '넷우익'이라고 불리는 사람들이 헤이트 스피치를 하고 있습니다. 거기에서 한 여성은 "여러분, 이걸로 아셨겠지요. 아사히신문이 말하는 것은 전부 거짓입니다. 일본은 남경대학살을 하지 않았습니다. 위안부 따위 한 명도 없었습니다. 일본의 군인은 세계에서 가장 윤리적인 군인이었어요. 세계에서 가장 도덕적인 군인이었단 말입니다." 하고 말했습니다. 어떻게 그렇게까지 말할까요? 아마 일본 군인은 사람을 한 명도 죽이지 않았다고 말했을지도 모릅니다. 일본은 하나도 나쁘지 않다고 말합니다. 바보지요. 역시 비판을 받을 각오가 되어 있지 않은 겁니다.

또한 일본의 역사를 봐도, 저는 잘못된 것이 많다고 봅니다. 그것은 당연한 것입니다. 우리 자신도 개인의 일상을 돌아보면 '실패했구나.'라든가 '이건 좀 다른 사람에게 말할 수 없어.'라고 생각할 만한 일들이 있지요. 1억 명 이상이 모인 경우에는 그런 일이 더 많이 있을 것입니다. 그런데 개인의 실패는 인정해도, 국가의 실패는 인정하고 싶지 않아 합니다. 그러한 것을 인정하면 '내가 약해진다, 국가가 약해진다.'

고 생각하는 겁니다. 잘못된 역사에 직면할 자유, 각오가 없는 것이지요. 못난 이야기입니다.

질문자4 : 나고야 대학 법학부에서 아시아 정치사상을 담당하고 있는 '강'이라고 합니다. 귀중한 말씀 감사드립니다. 두 가지 질문이 있습니다. 첫 번째는 넷우익 등에 대한 스즈키 씨의 비판에 대해서입니다. 선생님의 견해에 따르면, 애국자란 나라를 진지하게 사랑하는 사람인데요. 그 전제에는 개인의 지식이나 인격이나 견해뿐만 아니라, 일본이라는 나라의 '좋음'에 대한 프라이드가 있는 것 같습니다. 그런데 오늘 나눠 주신 자료에는 "배외주의자들에게 일본의 장점이 무엇이냐고 묻는다면 용서의 마음이라든가 겸허의 자세라고 대답할 것"이라고 쓰여 있습니다. 그러면 스즈키 씨가 사랑해야 할 일본은 무엇인지, 좀 더 명확한 존재나 이미지나 역사적 인물이 있다면 알려 주시면 좋겠습니다. 그런 점이 명확해지면 배외주의로 기울어져 있는 우익과는 다른 스즈키 씨의 입장이 명확해지리라 봅니다.

두 번째 질문은 안중근에 관한 것입니다. 저도 예전에 논문을 쓴 적이 있는데, 안중근은 지금까지 한국에서 주로 내셔널리스트로서 이해되어 왔습니다. 그렇지만 잘 살펴보면 안중근은 내셔널리스트이면서 지역주의자이기도 했습니다. 세상을 떠나기 전에 『동양평화론』을 집필하고 있었지요. 좀 전에 스즈키 씨가 안중근을 어떻게 이해하고 계신지 들려주셨는데, 저는 안중근이 스즈키 씨와 닮은 애국자였기 때문에 스즈키 씨가 안중근을 인정할 수 있었다고, 즉 애국자끼리니까 이해할 수 있었다고 생각합니다. 또 한편으로 아사히신문의 대담에서 스즈키 씨가 '애국'의 개념에 대해서 말씀하셨을 때 단지 개인이나 국가에 대한 사랑이 아니라, 반대로 가족에 대한 사랑, 고향에 대한 사랑, 그리고 그 연장선에 국가에 대한 사랑이 있다고 하셨습니다. 이것은 유교적인 사고방식과 닮아 있습니다. 국가의 연장선상에 지역에 대한 사랑이 있을텐데, 그럼 애국심이 인류에 대한 사랑으로 확대될 가능성이 있는 것인가요? 또 그렇다면 그것도 애국자라고 말할 수 있을까요? 안중근과의 관계에서 지역주의에 대한 스즈키 선생님의 사고방식에 대해서 듣고 싶습니다.

질문자5 : 안녕하세요. 저는 서울대학교에서 지역학을 전공하고 있는 학생입니다. 선생님의 강연을 백 퍼센트 이해했다고는 할 수 없지만, 오늘 강연에 감사드립니다. 구체적인 사고방식은 각자 다르다고 생각하지만, 한국에서는 좌익이라고 불리는 사람들이 오히려 반일적 민족주의의 입장에 있는 것 같습니다. 일본인의 입장에서 본다면 이러한 사람들이 우익일지도 모릅니다. 일본의 좌익은 한일 관계에 대해 어떤 입장인지 궁금합니다. 그리고 한국의 이러한 상황에 대한 스즈키 선생님의 의견을 듣고 싶습니다.

스즈키 구니오 : 일본의 좌익은 어떨까요? 오늘 이 자리에 제 책을 몇 권 출판해 주신 프리랜서 편집자이자 전에 좌익 운동에 몸담았던 시이노 레이닌(椎野礼仁) 씨도 와 계십니다. 시이노 씨는 북한에 가거나 요도고그룹(よど号グループ) 사람들과도 알고 지내지요. 그러니까 그에게 물어보고 싶네요. 예전에는 사회당이 북한을 지지했던 역사도 있습니까?

시이노 레이닌 : 그것은 예전 일로, 일찍이 한국이 군사정권 시대일 때는 북한 쪽이 앞서 있다고 생각했었기 때문에 그랬지요.

스즈키 구니오 : 지금 좌익은 한국에 대해서 어떻게 생각합니까?

시이노 레이닌 : 제가 좌익을 대표해서 말할 수는 없지만, 좌익이라는 이유로 한국을 싫어하는 사람들은 그다지 없지 않나요? 오히려 사회주의 국가를 표방하면서 정권을 세습하고 있는 북한에 비판적인 사람이 많다고 봅니다. 지금 한국의 자유로운 분위기를 싫어하는 좌익은 아마 한 명도 없을 것 같습니다.

스즈키 구니오 : 한국에는 일본 우익들도 많이 오고 있고, 공산당의 시이 가즈오(志位 和夫) 위원장도 온 적이 있습니다. 그러니까 꼭 같이 합시다. 일본의 신좌익도 모아서 한국에서 모입시다. 애국이라는 것에는 자기 주변의 친구, 가족, 그리고 동네 사람들, 학교 사람들, 이런 것들이 확대되어 국가가 되는 과정이 필요합니다. 그러한 과정이 없다면 애국이라고는 말할 수 없습니다. 그런데 애국을 주장하는 사람들은 그러한 과정을 전부 뛰어넘은 채로, 집에서는 미움 받고 지역에서도 바보 취급 받고 학교에서는 친구가 없지만 '그래도 나는 국가에 연결되어 있다. 국가를 생각

하고 있다. 또한 국가도 나를 사랑해 준다.'라고 생각하고 있습니다. 애국심이라는 것은 그러한 환상의 세계, 착각의 세계입니다. 그래서 자민당이 그러한 착각을 점점 이용하려고 하고 있지요. 그렇게 하면 자민당이 점점 강해질 것이라고 하면서. 그런 생각은 이상합니다.

또한 애국은 다른 나라와 우호적으로 지내는 일과도 연결되어 있습니다. 예전에는 대아시아주의를 비롯하여, 여러 가지로 아시아 나라들과 우호적으로 지내려고 했습니다. 일본의 우익들도 중국에서 혁명을 했던 손문(孫文)을 돕기도 했지요. 그러한 민간끼리의 교류는 꽤 있었습니다. 아시아끼리의 교류는 좀처럼 쉽지 않을지도 모르지만, 교류가 이루어질 수도 있다고 봅니다. 그러한 교류가 더 확대되면 지구 전체에 대한 사랑이 될 것이고, 그렇게 된다면 애국심은 없어질지도 모릅니다. 저는 없어져도 된다고 봅니다. 그래도 애국심이 추상적인 느낌으로서는 남지 않을까요? 예를 들어, 지역 전체가 모두 사이가 좋아져도 가족에 대한 사랑은 남아 있지요. 그것과 마찬가지로 지구 전체를 사랑한다고 해도, 애국심은 있겠지요. 혹은 초등학교 시절에는 초등학교가 좋고, 중학교 시절에는 중학교가 좋고, 그런 식으로 애교심이 점점 진전되어 가다가, 어른이 되면 애국심이 됩니다. 저는 그렇게 단순하게 생각하고 있습니다.

예전에 좌익 평론가인 다케나카 로우(竹中労)라는 사람이 이렇게 말했습니다. "중국인이 중국을 사랑하는 것을 이해한다. 한국 사람이 한국을 사랑하는 것을 이해한다. 그것이 애국심이다."라고. '나는 일본인이다, 그러니까 일본을 사랑한다.'라고 생각하는 것은 단지 자기만족일 뿐, 애국심도 무엇도 아닙니다. 다른 나라 사람이 그 나라를 사랑한다는 것을 이해해야 합니다. 지금은 애국심을 학교에서 가르칠 필요가 없지만, 만약 애국심을 학교에서 가르친다면 그러한 것을 제대로 가르쳐야 합니다. 일찍이 학교에서 애국심을 가르치려고 했을 때에 어떤 소학교(초등교육기관)에서 이러한 교육을 했습니다. 선생님이 학생에게 "일본은 다른 나라와 달리 사계절이 있고 자연이 아름답다. 사막만 있는 나라도 있고, 연중 비가 내리거나 우기가 있는 나라도 있다. 그런 나라와 다르게 일본은 사계절이 있어서 훌륭하다. 이렇게 훌륭한 나라를 사랑하는 것은 당연하다."라고. 그렇다면 사막만 있는 나라는 사랑하지 않아도 될까요? 그러니까 사람을 가르칠 때는 단순한 예를 사용해서는 안 됩니다. 다른 나라 사람들이 사랑하는 것을 공부하고 그것을 이해해야 합니다. 그것이 중요합니다.

질문자6 : 나고야에서 변호사 일을 하고 있는 배정현이라고 합니다. 질문이 두 가지 있습니다. 재일 외국인은 역사적으로 보면 재일한국인뿐만 아니라 중국인도 있고 대만인도 많은데, 어째서인지 한국·조선인을 공격대상으로 한 헤이트 스피치가 대단히 왕성해지고 있습니다. 저도 법조인으로서 헤이트 스피치를 저지하는 입장에 있지만, 아무래도 잘 이해되지 않는 면이 있습니다. 왜 한국·조선인을 대상으로 한 헤이트 스피치만이 이렇게 극심해진 것일까요?
역시 정치적인 문제가 배경에 있는 것 같습니다. 한국과는 독도, 즉 일본에서 말하는 다케시마 문제가 있기 때문이라고 생각했다가도, 중국과도 센카쿠 열도 문제가 있는데 한국·조선인을 대상으로 한 헤이트 스피치가 제일 활발하다는 점이 의아합니다. 그 원인은 무엇인지, 초보적인 질문이라 죄송하지만 알려주시면 좋겠습니다.
또 한 가지 질문을 드리자면, 헤이트 스피치에 대항

하는 활동으로서 지금 카운터(counter) 행동이 있습니다. 솔직히, 카운터 행동이 활발해지면 헤이트 스피치 행동이 사라질 것이라고 보았습니다. 그런데 오히려 증가하고 있고, 카운터 행동을 하는 사람들과 재특회 사람들이 폭력적으로 충돌하는 정도에까지 이르러 버렸습니다. 유엔의 권고를 받고 일본 측도 비로소 헤이트 스피치를 규제하는 방향으로 검토하기 시작했는데요. 다만, 이것은 법조인으로서 해서는 안 되는 발언일지도 모르지만, 솔직히 법률로 규제하는 것만으로는 근본적으로 해결되지 않을 것 같습니다. 그래서 혹시 우익의 입장에서 이 헤이트 스피치를 그만두게 할, 혹은 없애는 것을 목적으로 한, 이제부터 생각해야 할 활동이 있다면, 또한 구체적으로 지금 염두에 두신 것이 있다면 알려 주시면 좋겠습니다.

스즈키 구니오 : 헤이트 스피치에 참가하고 있는 사람들은 그들 나름대로 공부를 하고 있고, 자기들의 주장이 통하지 않는다든가 발언할 장이 없다든가 하는 불만을 품고 있으며, 자신들을 격차사회(格差社会)의 희생자라고 생각하기도 합니다. 그런 상황 속에서 누군가가 "너희들은 열심히 살고 있지만, 특권을 얻고

있는 놈들이 있다. 생활보호 같은 사회보장을 받는 것은 특권"이라고 말합니다. 그런 식으로 여러 가지 유언비어가 도는 거지요.

유언비어는 관동대지진 때도 돌았고, 독일에서도 같은 일이 있었습니다. 정치라는 것은 아마도 "이 녀석이 나쁘다."라고 말하면서 하나의 적을 발견해 내고, 거기에 증오를 쏟아 붓게 하는 일인 것 같습니다. 재특회뿐만 아니라, 지금의 자민당도 그렇지요. 자신들이 이렇게 열심히 선거를 해 왔는데 좀처럼 표를 얻을 수 없었던 것은 좌익이 있기 때문이다, 혹은 헌법이 있기 때문이다, 혹은 한국이 짓궂은 짓을 하기 때문이다, 이렇게 주장합니다. 그런 식으로 진짜 문제는 자신들이 제대로 하지 못하는 데에 있는데도 불구하고, 교묘하게 밖으로 눈을 돌리게 해서 문제를 놓치게 하는 것입니다.

재일인은 다양한 업종에서 상당한 돈을 벌고 있고, 일본인이 하지 않는 일을 하고 있습니다. 모두 일본인이 약해진 이유가 무엇인지 알고 싶은 겁니다. 또한 한국에 대한 질투도 있습니다. 자민당 사람들은 헌법 개정을 주장할 때, 헌법을 개정해서 협력적인 군대를 만드는 일과 동시에 징병제를 염두에 둡니다.

그때, 자주 한국을 예로 듭니다. 일본의 젊은이들이 변변치 않은 것은 일정 기간의 사회봉사나 징병제가 없기 때문이라고 말합니다. "한국을 봐라, 한국은 가수든 배우든 모두 한 번은 군대에 간다. 그러니까 모두 제대로 하는 것이다."라고 하지요. 보통 한국을 바보 취급하고 공격하는 무리가 그런 것을 주장합니다. 이상한 일입니다.

그리고 중국과 북한을 바보 취급하고 비판하면서도 일본은 핵을 가져야 한다고 말하는 사람들도 있지요. "일본이 핵을 가진다면 여러 나라의 비판을 받을 것이다. 하지만 중국을 봐라. 세계적인 비판을 받으면서도 핵을 보유하고 있지 않은가?", "북한을 봐라." 하고 말입니다. 그러니까 한국에 관해서도 비판하면서도 부러운 것입니다. 질투를 느끼고 있습니다. 젊은이들 중에서도 멋진 남성이나 아름다운 여성은 압도적으로 한국인이 많습니다. 하지만 그렇다고 말할 수 없으니까 헤이트 스피치를 하고 시위를 하는 것입니다. 그러니까 여러분, "어리석은 동생이 말도 안 되는 일을 하고 있구나." 이런 식으로 생각해 주시면 될 것 같습니다.

이제 끝날 시간인가요? 오늘 불러 주셔서 정말 감사

했습니다. 서울대학교에서 강연을 할 수 있으리라고는 생각해 보지 못했습니다. 제가 외국에서 이야기를 한 것은 이번이 두 번째입니다. 첫 번째는 미국의 초청으로 뉴욕에서 헌법에 대해서 이야기했었습니다. 그때는 일본의 헌법 개정에 대해서 이야기했습니다. 그래서 일본국헌법의 제24조(가정생활에 있어서 개인의 존엄과 양성의 본질적 평등)의 문안을 썼던 베아테(Beate Sirota Gordon) 씨에게 물었습니다.
"점령하 일본에 헌법이 강제되었으므로, 그것을 개정해서 다시 검토해야 한다고 생각합니다. 그러나 당시 헌법을 만들었던 사람들도 굉장히 노력했습니다. 당시 미국에서 불가능했던 남녀평등이라든가, 여성의 권리 같은 것에 대해 궁리했지요. 그것은 훌륭하다고 생각합니다. 그러나 어떤 좋은 것이라 해도, 점령하 일본에 강제된 것은 꺼림칙하다고 생각하지 않나요?"
그러나 전혀 그렇게 생각하고 있지 않지요. 자기들은 좋은 일을 했다고 생각할 뿐입니다. 그 후로 여러 가지 이야기를 듣고 책으로 낼까도 생각해 보았지만, 베아테 씨도 돌아가셨고, 결국 하지 못했습니다.
그리고 이번 강연이 두 번째로 외국에서 이야기하는 것입니다. 지금부터는 좀 더 저뿐만이 아니라 여러 사람에게 기회를 주셨으면 좋겠고, 다른 일본인에게도 이런 기회가 있었으면 좋겠습니다. 여러 가지 형태로, 의문은 의문인 채로도 좋다고 생각합니다. 2시간이나 3시간 이야기한다고 해서 전부 해결되지는 않지요. 그 계기가 필요하다고 생각합니다. 조금이라도 의문을 가지고 스스로 궁리하고, 그러면서 조금이라도 대화를 하거나 언쟁을 해 나가길 바랍니다. 그러면 국가와 국가가 전쟁을 하거나 관계없는 일에 휘말려 들어가는 일은 하지 않는 편이 좋을 것이라는 정도의 방어는 가능할 것입니다.

지금 전쟁에 대한 이야기를 했는데요. 일본에서도 전쟁 체험자가 없어지고 있어서 전쟁의 비참함이 전해지지 않고 있습니다. 모두 어두운 것은 보고 싶어 하지 않습니다. 소설이나 영화나 텔레비전에 전쟁을 제재로 삼고 있는 것은 많습니다. 그런데 어두운 면은 그리지 않아요. 전쟁은 있었지만, 전쟁 중에 남자의 용기를 시험할 수 있었다든가 사랑이 있었다든가, 그렇게 결론짓습니다. 그런데 세상은 '이야기'가 아닙니다. 사랑도 없고 용기도 없는 전쟁. 전쟁은 그런 것이라고 생각합니다.

그런데도 전쟁이 있으니까 용기를 시험할 수 있었고,

사랑을 알았다는 식의 이야기가 만들어지는 것은 위험하다고 생각합니다. 머리로만 전쟁을 생각하고, 국가와 국가 사이의 문제는 절대 양보할 수 없고, 전쟁을 해도 된다고 하는 정치가가 지금 많습니다. 그런 생각은 최악입니다. 그런 사람들에게 반론해야 합니다.

오늘은 30년 만에 한국에 올 수 있어서, 그리고 여러분과 이야기할 수 있어서 행복했습니다. 또한 여러분의 일본어가 능숙해서 놀랐습니다. 모두 함께 고민하고, 헤매고, 궁리해 나갑시다. 감사합니다.

# 講演録

- 最近、カウンターと呼ばれるヘイトスピーチ反対、レイシズム反対の声をあげる人たちが増えています。ところが日本で彼らに対して批判する声があることは、海外にはあまり届かないんですね。そのため日本では韓国や中国に対してひどいことを言っている人がかなりいて、日本全体がそうなっていると世界中で思われています。僕は今日、その誤解を解きたいと思っています。

講演録

# 私はなぜヘイトスピーチを嫌うのか、日本の右翼が見る日本のネット右翼

鈴木邦男

司会者：はじめまして。私は日本研究所の教授、李堈庚と申します。ソウル大学日本研究所では、日本の政治、経済、社会と文化、歴史、芸術に至る領域全般に渡って、日韓のみならず、ヨーロッパやアジア諸国から多くの学者をお招きして、定期的に「日本専門家招請セミナー」という名前でセミナーを企画開催しています。その中でも『リーディングジャパン』に講演の内容を出版する企画がある場合は、特別講演会という形で、規模を拡大して行っております。今日は第180回目の、そして2015年初めての日本専門家招請セミナー

でありながら、今年初めての特別講演会でもあります。あいにくの雨の中、このように大勢の方々にお越しいただきまして、本当に心から感謝申し上げたいと思います。それでは最初にソウル大学日本研究所所長の朴喆熙先生からご挨拶がございます。よろしくお願いします。

所長：日本研究所所長の朴でございます。今日のような足もとの悪い中、たくさんの方々にお集まりいただきありがとうございます。まず、なぜこのような企画をしたのかということについて説明したいと思います。
私は面白い人がいるという話を聞くと、必ず時間をとって会う習慣があります。しかし最近はあまり面白い人に会う機会が多くありませんでした。ですが、この何年間で会った人の中で一番面白かったのが、今日ご登壇を頂く、鈴木邦男さんだったのです。ある方に、「鈴木邦男というとても面白い男がいるので、一度会ってみてください」といわれました。その方に理由を尋ねると、「彼は実は右翼なんですが……」と答えました。「私が右翼の代表になぜ会うのですか」と聞きました。私は右翼との繋がりがなかったので、どう

やったら会えるのかと聞きたかったんです。のちに、私が以前招聘した日本政治学会の会長で、北海道大学の名誉教授でもある山口二郎先生と酒を酌み交した折りに、鈴木さんについて尋ねると、「鈴木さんなら、よく知っていますよ」と言われました。「先生はリベラルなのに、なぜ、リベラルな人が右翼の代表といわれる鈴木さんを知っているんですか」と聞くと、「いや、それが日本社会の面白いところだ」とおっしゃられました。

私が東京に行った昨年7月に鈴木さんとお会いして、かなり長い時間、話をしました。一番面白いと思ったのは、後でご自身から話をされると思いますが、鈴木さんは、ヘイトスピーチに反対をされているんです。「韓国では、右翼がヘイトスピーチをやっていると思われていますが、あなたは右翼なのに、なぜヘイトスピーチに反対するのか」という質問から始まり、その後、非常に面白い話になりました。この話は私だけが聞くのはもったいないと思い、いずれはお招きして皆さんの前で話して頂きたいと思っていました。なので、今日はお招きすることができて本当にうれしいです。後で李垠庚さんが先生の紹介をされると思います

が、最近では「ヘイトスピーチとレイシズムを乗り越える国際ネットワーク」の共同代表もなさっております。

今日、鈴木さんが2006年に執筆された『愛国者は信用できるか』(講談社現代新書)という本をいただきました。はじめのところだけですけれど、読んでみると、「愛国者コンテストがあったら軽く私は優勝できる、非常に愛国者である」と書かれていました。まず、鈴木邦男さんの名前そのものが愛国的です。すなわち、邦男というのは国(邦)を愛する男という意味で、愛国者ではもう右に出る人はないように思われます。今日、私は朝食を鈴木さんと一緒にしたのですが、「今からどこに行くのですか」と聞いたら、「安重根記念館に行きます」と言われました。日本の右翼の方なのに、なぜ安重根記念館に行くのか？ それも大きな疑問ですね。その理由については、のちほど鈴木さんがお話をされると思います。

もう一つ紹介すると、扉のほうに2013年5月2日にインタビューの記事が出ていますが、「右翼の代表が右傾化現象を批判するということが非常に不思議だ」という質問に対して、鈴木さんは、「社会が、とても早く変

動したと考え、私は私達の団体である『一水会』をつくった。しかし、今は右傾化している。右翼は少数である時存在価値がある。今のように全般的に右傾化した状況は危険だ。そうするうちに、私は左翼のような右翼になってしまった。」と答えられました。非常に面白いです。左翼に偏った日本の社会を憂いて、右翼団体をつくり自ら代表になったのに、今度は、今の日本はあまりにも右に走っている、危ないとおっしゃっています。だから平衡感覚ということを考えるのに非常にいい機会です。今日はみなさんにとって、日本の社会、日本の思想、日本の社会運動について知る非常に良い勉強の機会になると思います。遠いところからわざわざお越しいただいた鈴木先生に改めて感謝を申し上げます。ありがとうございます。

司会者：ありがとうございました。それでは講演の前に、鈴木先生について簡単にご紹介させていただきます。鈴木先生は1943年福島県にお生まれになり、早稲田大学を卒業されてから、産経新聞社を経て、1972年に、新右翼団体「一水会」を結成されました。当初は会長、現在は顧問として活躍されていらっしゃいます。

さきほども所長から話がありましたけれども、「ヘイトスピーチとレイシズムを乗り越える国際ネットワーク」の共同代表でもあります。最近は新聞やテレビなど様々なメディアで、政治だけではなく、プロレスや格闘技などのスポーツまで、多様な分野で評論家として活躍されていらっしゃいます。著書としては、さきほども紹介された『愛国者は信頼できるか』(講談社現代新書)、『右翼は言論の敵か』(ちくま新書)、『愛国と憂国と売国』(平凡社新書)などなど多数おありです。鈴木先生についての詳しい情報は、今日お配りしたこの資料に詳しく書いてありますのでご参考にしてください。それでは、鈴木先生にご登壇していただき、「私はなぜヘイトスピーチを嫌うのか、日本の右翼が見る日本のネット右翼」というタイトルで講演していただきたいと思います。皆様、大きな拍手でお迎えください。

〈講演〉

　こんにちは。鈴木邦男です。非常に過分なご紹介いただきまして、ありがとうございます。朴先生とは、北海道大学の名誉教授で、今は法政大学の教授である山口二郎さんから、是非会うようにいわれ、昨年初めてお会いしました。

　その前に、朴先生が日本で書かれた『代議士のつくられ方―小選挙区の選挙戦略』(文春文庫)という本を読んで、とてもびっくりしました。平沢勝栄という国会議員がいます。彼は非常に庶民的なことで人気があると思っていたのですが、この本を読むとかなり違うということが分かりました。というのも、彼が初めての衆議院選挙に立つときに、とても緻密な戦略を考えて、どうやって票を増やすか、どうやって当選するか、ということを緻密に考えていました。そのように考えた人間がいなかったんです。なので朴先生がそのことを分析し、書かれていてびっくりしました。非常に話題になったものです。

　パク先生と話し合って、いろいろ僕も教えられました。もちろん僕は日韓関係をうまくやってもらいた

いと思いますが、日本では感情的な反発ばかりが多くみられます。例えば、日本の書店の新刊書コーナーに行くと、中国と韓国の悪口を書いている本ばかりが置いてあります。それも小さな出版社ではなく、大きな出版社が出しているんです。中国は滅べとか、韓国とは付き合う必要がないとか、なぜ韓国人には心がないのか、という非常にひどいタイトルや内容の本ばかりです。またそういう本がいっぱい積まれており、残念ながら売れているんです。そういう本を読んで、すっきりするとか、ざまあ見ろと思う心の狭い日本人が多いことは非常に残念です。申し訳ないと思っています。なので、僕は韓国の書店にもそういう本がいっぱいあると思っていました。友達に韓国に行くんだよと言ったら、卵をぶつけられるのではないのか、殴られるのではないのか、といろいろ心配をしてくれました。それは覚悟の上で来たのですが、今日いろいろな書店に足を運んだところ、そういう本は全くありませんでした。ですから、韓国のほうがずっと大人で、日本が子供です。日本が子供であることについては残念だと思っています。日本の東京(新大久保)や大阪(鶴橋)では、韓国人や中国人に対して、帰れとか、死ねとか、殺せとか非常にひどい罵声を

あびせるデモをやっています。ヘイトスピーチのデモは憎悪のレイシズムであり、民族差別です。それもよく考えて言っているわけではないんです。ただ反発したい、気分をすっきりさせたいという理由で言っているのです。昔はそういうことやったらだめだろう、やめよう、という人がいましたが、今はそういう人たちがいなくなっています。

　20年くらい前までは、例えばそういう差別的なことを言った人がいても、「それは人間として言ってはだめだ」とたしなめる人がいました。ですからそれが言論の場に出ることはなかったんです。飲み屋で酔っ払っている人がいたとしても、そこまで言ったら終わりだよ、という感じだったんですね。ところが今はテレビや、新聞や、週刊誌がまったく触れなくても、個人のネットから広がります。それで、ここからがもっと重大な話なのですが、ネットの世界でそういう意見に触れると、もしかしたらそれが本当なのかと、マスコミは言わないだけでネットには本当のことがあるのではないのか、あるいは勇気がある発言なんだ、というように誤解する人がいっぱいいるんです。政治家もそういうことに対してきちんと対処するのかというと、し

ないんですよね。なぜかというと、例えば安倍首相はヘイトスピーチのデモについて、有田芳生さん(民主党参議院議員)などから国会で質問されたときに、それはもうひどいし自分としては許せないと言ってました。ただ、そう言いながらも絶対に法律で規制しようとしないし、むしろそういうことが少しぐらいあったほうがいいだろう、と内心では思っているんです。中国や韓国では、反日デモが行われていて、反日教育をしているんだ。それがひどいから、日本でも反発しているんだ、とそう思っている。

　それが安倍政権への支持につながっている。そういうふうに誤解をして、支えあっている部分があるんです。ネット右翼の人たちも安倍政権を頼りにしています。安倍首相もヘイトスピーチは嫌いだとか、許せないといいながら、そういうのは少しはあったほうがいいと思っている。ですから警察もほとんど対処していません。ネット右翼のデモに対して、「それはちょっとひどいではないか」と誰かが言うと、デモ隊がわっと取り囲んで殴ったりしている。それも一切マスコミには出ない。警察も知らない顔をしている。ですから本当ならば、新聞やテレビがそういうことを全部報道すれば

いいのです。でもしないんです。なぜかというと、このひどい差別的なデモが行われていると報道しただけで、見ている人が批判をする。なぜ差別的な表現を流すのか、なぜ差別を報道するのかと。テレビ局や新聞社の人たちとしても、それに対する批判のつもりで流しているのに、自分たちが非難されるとたまらないから、やめようということになる。そういう自主規制で、ほとんどが報道されません。ですが最近では少しずつ声をあげている人たちも出てきています。

　法律で取り締まれという人もいますが、僕は法律で取り締まることには反対です。まずは、こういう恥ずかしいことはやめようという気持ちを、一人ひとりが持つことが大事だと思っています。また、彼らがデモをしたら、彼らと平行に歩道を歩いて、彼らの姿が沿道の人達から見えないようにプラカードをたくさん並べたりして、ヘイトスピーチ反対、レイシズム反対の声をあげる、カウンターと呼ばれる人たちも最近は増えています。ところが日本で彼らに対して批判する声があることは、海外にはあまり届かないんですね。そのため日本では韓国や中国に対してひどいことを言っている人がかなりいて、日本全体がそうなっていると世

界中で思われています。僕は今日、その誤解を解きたいと思っています。

　ただ日本も非常に責任が大きいことは事実です。例えば8月15日に、日本の靖国神社に行くと、兵隊の格好をしている人がいっぱいいます。元兵隊もいるし、兵隊とはなんの関係もない若者が兵隊の格好をして兵隊になりきっていたりもします。その人たちが銃(模造銃)を掲げたり、突撃だといって軍歌を流して行進している。日本人から見たら、普段はそういう人はどこにもいない。8月15日だけこんな変な格好をして集まる。「困ったもんだな」と内心思いながら、無視しています。ところが、外国の記者やカメラマンにとっては非日常的なことなので、非常に珍しいのです。写真や動画を撮って世界中に発信します。そうすると日本は戦争をしようとしているんだと思われます。さらに東京や大阪でヘイトスピーチデモをやっていると、やはり日本はそうではないかと思われる。さらに安倍首相が憲法を改正する、集団的自衛権を認めるというと、やはり全体が戦争の方向に進んでおり、もう一度アジアを侵略するのではないかと思われます。仕方がないです。政府をはじめ、日本がだらしがないし、政府がきちんと間違った情報を訂正

していないからだと思います。

　昨年、僕は、国会議員の代表である有田芳生さんと一緒に、外国人特派員協会というところに呼ばれました。そこで世界中の新聞記者たちから質問を受けました。日本ではヘイトスピーチという民族差別が行われている、それについて聞きたいと質問されました。僕は日本人の圧倒的に多くの人は民族差別を考えていないし、一部の変わった人が言っているだけだと答えました。ところが、アメリカの記者が手を挙げて、次のような質問をしました。

「4年前の3月11日の東日本大震災のとき、世界中は日本に対してみな同情しました。日本の復興に対して、非常に感動し支援していました。日本ではそういうパニックがあったにもかかわらず暴動が起きない、これはどうしてなのか。そういう日本を驚異の目で見ていました。感動しました。ところが今年の2月、大阪で事件があり、それ以降、世界中は日本に対して凍りついています。日本を批判しています」。

　僕はそのときに、それがなんの話なのかよくわからなかったのです。あとで確認したところ、在日の人が多く住む大阪の鶴橋という街で、一人の女子中学生が

演説をし、それがネットで拡散され、海外で話題になっていることを知りました。その女子中学生は、

「私は(在日の人が)ほんま憎くて憎くてたまらないです。もう、殺してあげたい。いつまでも調子に乗っとったら、南京大虐殺じゃなくて、鶴橋大虐殺を実行します」

とマイクで演説したのです。普通なら、いくら子供の言うこととはいえ、聞き逃さず「おいおいやめろよ、何いってるんだ」と止めます。ところが、周りの大人たちは同じような考えのグループなので、「そうだ！」とはやし立てています。しかし、それはあまりにもひどいので、新聞には一行も出ません。テレビにも一秒も出ていません。だから、僕は知りませんでした。ところが、外国の記者たちが見たことを発信し、あるいはネットにあげたので、特にアジアの人たちはほとんど見ているようでした。この中でも見た人がいるでしょう。僕もあれはひどすぎると思いました。日本人全体が、韓国人が嫌いだとか、あるいは中国人が嫌いだと思われるとたまらないし、そういうことについて今日はじっくりと話をしたいと思います。

　先ほどパク先生が言われたように、今日、安重根記

念館に行ってきました。それから戦争記念館に行きました。実は30年前に、僕は安重根記念館に行ったことがあります。30年前は、日本の右翼の人たちと韓国の右翼、政治家とか軍人などが非常に仲が良かった時代でした。その当時は、敵はソ連や中国という共産主義国家でした。そういう世界の共産主義に対抗するためには韓国、台湾、日本、アメリカの西側国家は手をつないで戦わなければならないという意識でした。ですから、当時は右翼の人たちも韓国にずいぶん来ていました。僕はそのころ、すでに右翼運動をしていて、右翼の先生に連れていかれました。

　しかし僕は当時、その雰囲気に対して疑問を持っていました。共産主義反対というだけで、アメリカも韓国も台湾も日本もみんな同じなのだろうか。それは違うだろう。民族主義というものがあるだろうと思い、不満でした。しかし右翼の先生が行こうとおっしゃられたので、仕方なくついていきました。台湾ではガウディ将軍という非常に偉い将軍にお会いしました。政治家や軍の偉い人たちにも会いました。それほど日本の右翼の人たちは信用されていたんです。部屋に入ったら世界地図があり、台湾と中国が全部同じような色になっていま

した。今はたまたまここにいるけれども、これは全部我々の国なんだ。我々の国が強いんだといっていました。

　また韓国に行ったときには、右翼の先生が、「安重根記念館に行こう」とおっしゃられたので、僕は、「安重根という人は、日本の総理大臣を殺した人でしょう」と抗議しました。「鈴木君、それは考えが狭いよ。確かに日本ではいい人ではないかもしれないけど、韓国では安重根は英雄なんです。だから我々も愛国者としてきちんと敬意を評さないといけないんだ」と言われました。そのときは疑問だったし、理解できませんでした。その後、いろいろ本を読み、安重根という人は非常に愛国の情に富んだ人だったとわかりました。書も達者でしたし、学者でした。韓国で作った安重根の映画が日本で上映されていたので観ました。それから北朝鮮で作られた安重根の映画も観ました。多分皆さんは観ていませんよね。僕のほうが観ています。それから自分の中で、考えもだんだん変わってきました。

　最近、ある日本の自民党の政治家が、「韓国はいかん。テロリストを賞賛している。記念館を作っている」と言いました。僕は、これではだめだなと思いまし

た。30年前の僕以下です。そういう狭い発想しかできない。それならば、明治維新の人たちはみんなテロリストでしょう。戦争に行った人たちもみんなテロリストです。

　記念館のあとは、戦争博物館にも行きました。今年の3月11日に東日本大震災の追悼祭があったときに、元総理大臣である村山富市さんとお会いしました。すると、村山さんが、この前、韓国に行ってきたというお話をされました。戦争博物館にも行って、そのことについて韓国の人と話したというのです。

　「日本の侵略戦争もひどいと思っている。日本は確かにひどいことをしたし、それについては、きちんと謝罪しなければならない。それと同時にこれからどうするのか。共同声明に従がって我々は友好な関係を作るんです。未来に向かって行くのも必要ではないか」

　と話されたそうです。それで、僕は今日、戦争記念館に行ってきたわけです。

　日本のヘイトスピーチについて考えたとき、僕はいつも思い出します。やはりこれも30年ほど前でしたが、産経新聞で戦争についてシリーズで出した本がありました。非常にいい本です。その中で佐藤早苗さんとい

う人が書いた『誰も書かなかった韓国』(サンケイ新聞社出版局)という本があります。佐藤早苗さんは、韓国の問題について非常に詳しい人です。その中で衝撃的なことが書かれていました。その内容を紹介します。

　北朝鮮から逃げてきた人がいました。その人を韓国ではみな賞賛しました。偉い偉いと、褒め称えました。ところが、それに対して、小学校に入学する前の子供が、それはおかしいといったのです。北朝鮮は悪魔の国だから、全部悪魔だ。そういうふうに大人たちは教えていたのでしょう。「悪魔の国の悪魔が、国から逃げてきたということは、まだ悪魔のままだ。それをなぜみんなは賞賛するのか。悪魔ならすぐ殺すべきだ」。そう言ったそうです。そのことはショックでした。ですから本音と建て前というか、韓国の人たちも北朝鮮の人たちも、お互い憎みあってはきましたが、いつか一緒になろうと思っている。でも、学校では自分たちの主張として共産主義を批判しなければならない。強い言葉として「悪魔の国」だとも言ったりする。でも子供はその「悪魔の国」だということだけ信じてしまいます。逃げてきたとしても、それは悪魔だから殺すんだ。

　その子供は今やもう35、6歳になって成長していま

す。今そのようなことをいう人はいないし、もちろんそのような大人もいません。韓国はどんどん成長しています。ところが、日本はその5、6歳の子供のままです。在日の人間は出ていけ、韓国の人間も中国の人間も出て行けと。そんなことをまだ言っているのです。情けないことです。ここは我々の国だ。よその国から来た人間はどうなんだといっています。我々は日本人だから愛国者であって、外国の人間には日本を理解できないんだと思っています。

　かつて、自民党の国会議員に新井将敬さんという人がいました。非常にいい人でした。その後、証券疑惑など、いろいろ疑惑をかけられて自殺した人です。僕は、生きていたら首相になる存在だったと思っていました。20〜30年前、この新井将敬さんと名古屋の東海テレビで討論をやったときの話です。新井さんと海江田万里(前民主党委員長)と共に討論をしました。その後、新井さん、海江田さんと一緒にお酒を飲みました。そのときに、新井さんは僕に対して、「鈴木さんは、日本人になろうとしたことがありますか」と聞きました。僕は、「この人は何を言っているんだ。僕は日本人だ、ずっと右翼をやっていたじゃないか」と思いました。だから新

井さんに「僕はもともと日本人だからそう思ったことはありません」と答えました。すると、新井さんは「僕は毎日、日本人になろうと思って勉強して努力をしています」とおっしゃられました。

彼は在日でした。日本に帰化して、自民党の国会議員になったけれど、いろいろ差別をされたり批判されたりしました。日本人とは何なんだろう、天皇が分からないと日本人ではないのか。あるいは、三島由紀夫を理解しないといけないのか。いろんなことを考えて悩んで、人に聞いたり勉強をしていました。日本人になろうとしている。その瞬間、ガーンと頭を打たれたような感じがしました。新井さんこそ本当に日本人だと思いました。僕なんか偶然日本人に生まれただけじゃないか。それなのに偉そうに日本人だといっている。今のヘイトスピーチをしている人も、たまたま偶然に日本に生まれただけです。日本人になろうとしていません。日本人が何だか知りません。それなのに、韓国人は出て行けとか、中国人は出て行けとか言っています。それは思い上がりもはなはだしいです。

今は、あまりにも日韓関係が険しいし、また日本では、韓国や北朝鮮、また中国に対して批判をすることに

よって、自分は愛国者だと思っている人が非常に多いです。また、一般の国民も「そうだそうだ」と思っている人が残念ながら多いです。そういうことを僕はいろんなところで語っています。そうすると、学生のときに右翼をやっていた昔の仲間たちからは、お前は韓国や北朝鮮に魂を売ったと言われます。しかし、僕は40年以上右翼運動をやっていましたが、自分は愛国者だと言って運動をやっている人の中に、本当の愛国者はいませんでした。ですから、みなさんも安心してください。日本で、俺は愛国者だ、韓国は許せないという人たちは、本当の愛国者ではないんです。そういうものをきちんと分かった上で、さらにどのようにすればよいか、考えていきたいですね。

　今日のお渡しした資料の中で、政治家である亀井静香さんがこのようにおっしゃっています。「国を守る安全保障というならば、まず近隣の国と仲良くする、それが第一じゃないのか」。なるほどなと思いました。「国家は国民を守る、国の独立を守る」というと、どうしても僕らは防衛力を強化する、外壁を強くすることを考えます。そうすると、よそから敵はこないし、安心できる。でも敵をなくすことについて考えるのは、政治家がやら

なくてはいけないことです。国家間でもいろいろ問題があるだろう、喧嘩をするだろう、でも絶対に、戦争にしないようにしよう、そういうことを考えるのが政治家です。

　日本の自民党の昔の政治家の中には結構このような政治家がいました。何かあったら、韓国に行き話し合い、これはこのようにしようとか、戦争だけは避けようという話ができる、そういうチャンネルを持った政治家がいました。それは中国に対してもいました。ところが今はそのような政治家たちはほとんどいません。そのような政治家は、いろいろなスキャンダルで干されてしまいました。今はスキャンダルがなく、顔もイケメン、だけど政治をやる力がない政治家が多いです。だから外交で交渉する力がありません。僕はいろいろな政治家の人たちと話をして、「韓国や中国、ロシア、北朝鮮に行き、話し合い、あるいは喧嘩をして、そこで少しでも政治を良くするようにしたらどうですか」と提案すると、彼らは、「それはやってみたい。でも自分が北朝鮮や韓国、中国に行ったとしても、すぐに変わらない。帰ってきたら、行って何も変わらなかったじゃないかと言われる。韓国に行く政治家は、なぜ韓国

に行って、もっと日本の主張を強くしないのかと言われる」と言います。

　このように今の政治家は、そういう危ないことはしたくないので、日本にいて、日本という安全圏の中にいて、韓国は許せない、中国は許せない、戦争も辞さずに我々は戦うんだと、そんなことばかり言っています。そのほうが選挙に当選するからです。またそういう政治家のほうがテレビの討論会でも人気があるのです。ですから、日本の政治というのは全部内向きなのです。韓国や中国に対して言っているようなふりをして、日本国民に対して、俺はこんなに闘ってるぞ、俺はこんなに頑張ってるぞと言っています。自分で言って、自己満足して酔っているのです。またそれを酔っているだけだと理解できないでいる。韓国はどんどん成長しているにもかかわらず、日本はまだ5、6歳の子供のままで、「あいつは敵だ、敵だから殺せ」ということしか言わない。また、そういうことで自分は愛国者だと思う。そんなのは愛国者でもなんでもないです。

　他にもいろいろ言いたいこともありますが、ここまでにして、後は先生と一緒にお話しするか、みなさんから質問を受けようと思います。今日は名古屋大学の

学生たちがいらっしゃるようですね。非常にすばらしいと思います。そのように日本と韓国の学生たちが自由に交流しているということは、日本ではほとんど伝わっていません。喧嘩していることばかりがマスコミにも伝わります。テレビ討論でも、韓国はうざいと主張するような過激な人を呼んで喧嘩させています。そうすると、みんな面白がって拍手して視聴率があがる。日本にも韓国にも、少なくとも戦争はやめよう、具体的に話をしようと言う人たちがいっぱいいます。ところが、そのように話がかみ合ってしまったら面白くないし、視聴率があがらないのです。

　それについては、僕にも体験談があります。僕は、昨年の8月の1カ月間で韓国のテレビ局と中国のテレビ局、それから台湾のテレビ局の3局から連続してヘイトスピーチについて取材を受けました。2時間ぐらいずっと必死になって話しました。すると、韓国、中国、台湾のテレビ局の人たちは、「そうですか、右翼の人たちだってヘイトスピーチに反対しているんですか。また日本人のほとんどはヘイトスピーチに反対しているし、非常に批判的なんですね。わかりました」と言ってくれました。ところが、ある局の人が、「でも、それだけじゃ

テレビとしては面白くないんで、韓国や中国は皆殺しにすべきだといっている人を紹介してください」と言いました。せっかくこっちは必死になって話をしているのに、それでは面白くないという。面白ければそれでいいのかと、残念に思いました。それは今のマスコミの悪い点です。また、そういうものを見ている我々も悪いのです。ときどきNHKで、アーカイブスという昔の番組をやっています。原発や安全保障について討論する、20年前、30年前の番組もやっていました。すると、その討論番組は非常に紳士的なのです。絶対相手の話に割り込まないし、相手を罵倒しないし、遮りません。こんなふうにお互い同じ時間を使って話す、同じチャンス、同じ回数話すということをきちんと守っています。このような紳士的な討論を日本人はできたのかと思います。ところが、その番組はまったく面白くありません。そのようなきちんとしたものを見て、面白くないと感じる僕らのほうが堕落しているのです。そもそも、憲法をどうする、国際行政をどうする、日韓関係をどうするという真面目なテーマを面白くしようとしているのが間違いなのです。面白くなくていいのです。面白いものは、別のテーマでやればいいんです。ですか

ら学生のみなさんには「言論と力」というものを、もっと考えてもらいたいと思います。

　それで、どうしたら日本と韓国は仲良くできるのか考えてみたいと思います。一つの希望としては、6年ほど前に、東京で「世界愛国者平和会議」というのをやったことがあります。フランス、イギリス、ベルギー、ハンガリー、ルーマニア、ポルトガルなど欧州の国会議員たちを日本に招き会議を開きました。みな各国の愛国者の代表です。お互い自国の国益を考えれば一番話が合わない人たちかもしれません。ところが、そのときはフランスの国民戦線のルペンさん(父)をはじめ、各国の愛国的な国会議員たちと、日本の右翼の人たちが、移民問題など、いろいろなことを話し合いました。戦争というものはおそらく、自分は愛国者だと思う人間がまず火をつけます。ですから、最初は愛国者同士の戦いなのです。これは国益に合わないとか、これは国家としては認められないとか、自分が国家になったつもりでものを言います。そういう愛国者同士の戦い、それが大きくなり、国全体が愛国者になり、戦いになると戦争になるのです。ですから、愛国者同士で誤解を解いたり、別の解決策を探ったり、そういうことができるのではない

か。それによって戦争をなくすことができるのではないか、少なくとも避けることができるのではないか、と僕は思いました。またヨーロッパと日本とは遠い国同士なので案外話ができるのです。ところが、韓国、北朝鮮、中国、ベトナムなどの愛国者たちが集まって愛国者平和会議を開くというのはなかなか難しいんです。ただ、そういう方向は考えておいてもいいだろうと思います。そこで、最も自分は国のために闘ってるという、ほとんどそういう人たちは偽者ですけれども、そういう人たちにこそ闘ってもらうんです。そこで治めるということを考える必要があるのではないかと思います。

　いろいろとまとまりのない話になりましたが、最近思ったこと、それから、どうしたら日韓問題では、前向きの方向に行けるのかどうか、ということを少しお話させてもらいました。ありがとうございました。

司会者：ありがとうございました。たくさんのお話がある中、今日は短くまとめていただいたと思います。今日の議論を深めるために、自由質疑に入る前に、コメンテーターとして朴喆熙所長からいくつかコメントを

いただいてから議論を深めていきたいと思います。それでは、よろしくお願いします。

所長：鈴木さん、ありがとうございました。二つほどお聞きしたいと思います。一つは、今日の演題というのは、「なぜ私はヘイトスピーチに反対するのか」ですが、この背景について先ほど少しお話されましたが、具体的にこのヘイトスピーチに反対するきっかけになった個人的な見解についてお聞きしたいと思います。

　二つ目は、鈴木さんは新右翼の代表的な存在だと聞いております。新右翼は旧右翼と何が違って、新右翼の立場から見たネット右翼とはいうのはどのように見えるのか。また、ネット右翼は本当に右翼といえるのか、ということについてお聞きしたいと思います。

鈴木邦男：日本で右翼の運動をやっている人たちのほとんどが、ヘイトスピーチに反対しています。みなさんから見たら、ヘイトスピーチをしている人は日本の右翼だと思うかもしれませんが、まったく違います。というのは、日本の右翼の人たちの中には、在日の人た

ちが結構多いのです。ですから自分たちは現実の問題で非常につらい思いをして闘ってきた人が多いのです。その中には、さきほどお話した新井将敬さんのように、日本とは何なのか、日本人とは何なのかと考えてきた人がずいぶんいます。また、僕もそうですが、右翼ということで、いろんな形で差別を受けてきた人もずいぶんいます。ですから、差別の問題に対しては、ものすごくナイーブになっています。あいつは右翼だから、あいつは韓国人だからというだけで、人間性を剥奪することがあっては、我慢ならないのです。
ただ、じゃあなぜ右翼の人たちは、黙っていたのかというと、「あんな、ただの悪口をいっているだけだったら、誰も共感はしないだろう。あんなのはすぐなくなるさ」と僕も含めてみんな思っていました。ところがなくならないのです。それと同時に、じゃあ日本に実在する人たち、部落解放同盟の人たちはどうなのかというと、昔だったらば、おそらく、「なんだそれは」とヘイトスピーチをしている人たちに抗議をして、喧嘩になったと思います。今はテレビなどのマスコミがあるので、批判して、暴力沙汰になって、それを警察に利用されて弾圧されたらたまらないだろうと、ものすご

く自分たちで自制しています。

だから僕の考えでは、たとえそういうネトウヨ(ネット右翼)だとかいう人たちから喧嘩をふっかけられても、怒鳴られても殴られても、ずっとやってる人はいないと思います。もし、同じ事件で喧嘩になっても、そういう人たちは、すぐ逮捕されたり家宅捜索されたりします。ですから、警察は狙っているのです。ある意味日本の警察はわざと騒ぎを大きくしようとしている、というのが非常に大きいです。何もなかったら警察はいらないですからね。いろいろなデモをしたり、殴り合いをしたりもめたりして、やはり日本人は公安警察が必要なんだと、自分たちの存在を示そうとしているのです。

新右翼とかネット右翼の人たちは、本当は右翼ではないのです。右翼・左翼という言葉は、もともとはフランス革命からできた言葉です。フランス革命後の国民議会で、議長席からみて右の方に座った議員たちが保守派だった。また左の方に座った議員たちが革新派、新派だった。議会というのは、翼を開いているように見える。それでこっちは右の翼、こっちは左の翼ということで、右翼と左翼という言葉ができたと聞いてい

ます。ですから、フランス革命の後からなんです。当時はとくに右翼と左翼というのはお互いを「悪」として批判することはありませんでした。フランス革命を基盤にして、もっとスピードをあげようかとか、あるいはゆっくりいこうとか、右翼と左翼は、スピードの違いで、善悪の違いではありませんでした。それがなぜ善悪になったのかというと、その後起きたロシア革命を主導した人たちが、自分たちは左翼だと言い、王様を守ったり、地主や貴族を守ったりするのはみんな右翼だということで、右翼という言葉が悪い意味の言葉になりました。

その数年後に日本で共産党ができました。そうすると日本の共産党の人たちも自分たちは左翼だ、天皇を支持したり財閥を支持したりするのはみんな右翼だ、ということになり、右翼という言葉は日本でも悪い意味の言葉になりました。ところが、1960年ごろから、日本で共産主義革命の危機があるので、左翼から国を守ろう、中国、あるいはソ連から国を守ろうという人たちが、自分たちのことを右翼だと認識しました。最初は警察が、あくまでも左だ右だとレッテルをはって区別するためのものだったのですが、右翼の人たちは、

自分たちが右翼だと思ってきた。

でも、右翼と言われた人たちの中でも「我々は右の翼ではないし、極端に右の方に傾いてるわけでもない」、「自分たちはあくまでも日本人として当たり前のことを主張しているんだ」と反発している人もいっぱいいます。また、右翼とは暴力団だというレッテルを貼られてしまうこともあり、僕らとしても、右翼といわれるのが嫌だったんです。

僕らは、右翼ではなく、民族派という言葉を使っていました。ある評論家が、「もう今までの右翼と違うんだから、新右翼を呼ぶべきだろう」と言い出して、新右翼という言葉が定着していきました。ですから、古い右翼がいて、まったく新しい右翼がいるわけではありません。ですがマスコミはそういうわけ方をしています。ネット右翼の人たちはそういう右翼や新右翼に対しても批判的で、こんな連中と自分たちは違うんだと、それで自分たちのことを「国を愛する市民派」と自称しています。

それから最近日本で流行っているのは「保守」という言葉です。自分たちは保守派である、凶暴右翼とかそういうのとは違うんだと。でもこれも、僕は非常に異様

だと思っています。僕らが学生のときは、左翼は圧倒的に強くて、我々右翼学生はいじめられてましたが、共に保守の人は嫌いでした。左翼はもちろん革命とか革新を考えていますので、今のままでいいのだという保守なんか嫌いです。ところが右翼というのも、こういうのは嫌いだと、堕落した日本は嫌いだ、右から変えるんだと、だから保守というのは嫌いなんだと。それがこの頃は、保守という言葉が非常にプラスイメージの言葉になってきた。不思議な感じがしますし、違和感を持っています。

みなさんのお手元にお渡しした資料にも書いてありますが、もう左翼という言葉はないに等しいし、右翼という人たちもほとんどいません。それは、ある意味いいことかもしれません。ただ、先ほども言ったように、保守派だとかネット右翼の人たちが外国を攻撃することによって自分たちの正当性を守ったり、自分たちは愛国者だと思いこんでしまうような間違った考え方の人たちが、ずいぶん増えてきたと思ってます。

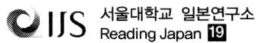

# 質疑応答

- 昔、左翼の評論家で竹中労という人が
- こういうことを言っていました。「中国の
人が中国を愛するということがわかる。
韓国の人が韓国を愛するということが
わかる。それが愛国心なんだ」と。俺は
日本人だ、だから日本を愛する、それは
ただの自己満足であって、愛国心でも
なんでもない。よその国の人がその国を
愛するということを理解できなければな
らない。

質疑応答

司会者：これから、質疑応答に入りたいと思います。質問がある方は手を挙げて話してください。

質問者1：今日は貴重なお話をありがとうございました。私は日本の地域学を専攻しているキム・ハナと申します。質問が二つあります。まず一つは、さきほどおっしゃったように、愛国者とか右翼とかという言葉自体に対してはいろんな意見があると思います。それで「愛国者」と、いわゆる悪い意味での「民族主義者」との違うところはどこなのかお聞きしたいです。二つ目

は、今の問題は、ヘイトスピーチは嫌だというぐらいでは、解決できない状態だと思います。なので、正当に解決できる法案を提案するとか、そういう運動をしていらっしゃるのか知りたいです。

鈴木邦男：ヘイトスピーチを禁止する法案を作るという動きは現実にあります。国会議員も集まって委員会で集会を開いていますし、大学の教授の中でもそういう案を作っている人がいっぱいいます。僕もそこに呼ばれて話をしました。でも、僕は法律によって規制するべきとは思っていません。例えば、ドイツは、きちんと法律を作っています。徹底的に自分たちは反省しているんだ、絶対そういうことは許さないんだという決意を外に強く表現することによって、EUの中では信頼を勝ち取って、力を持っています。ドイツとフランスは激しい侵略争いをしていたにもかかわらず、きちんと話し合いができています。もう二度とヨーロッパの中では戦争しないとお互いに合意ができていると思います。ですから、それはすばらしいと思います。ただ日本でそれができるかというと、日本では国民性が違うので難しいと思っています。

日本が戦争を決めたときに首相をしていた東条英機という人がいます。そのお孫さんで、近年、亡くなられましたが、東条由希子さんという人と、僕はテレビで何回かお話をしました。そういう人も日本では堂々と話ができます。当時だったらできないですよね。由希子さんは、「おじいさん(東条英機)は非常に立派だった」といいます。おじいさんのところには、戦争を始める前にものすごくたくさんの手紙が国民から届きました。どんな手紙が来たかというと、「腰抜け!」だとか、「お前は戦争をやる勇気がないんだ、死んじまえ!」といった脅迫の手紙でした。ですから、東条英機はむりやり国民を戦争に引きずっていったのではなくて、「むしろおじいさんは戦争は嫌だったのに、国民から脅迫されて、国民全体が戦争をしようという中で、しかたなくやった」とおっしゃってました。それがすべて本当かというとわかりませんが、ただ軍部だとか天皇だとか、政治家だけが、むりやり戦争をしようとして、平和的な国民を引きずってきたということはないと思います。国民もある意味過激だったんです。国民の側が、中国や韓国に対して批判的で過激なことが書いてある本を喜んで読んでいる。あるいは言論をして

いる。それはもっともっと考える必要があると思います。だから僕はドイツのようにきちんと徹底しないと難しいと思います。

それと同時にその法律を作ってしまったら、逆にいろんな形で悪用されます。これは、あくまでも差別をする人間たちをやめさせるために使うんだといいながら、判断を現場の警察官だけに預けたりしたら、これは国家を潰す目的でやってるデモだ、これは安倍政権を打倒するためにやってるデモだ、だから認められないとか、いくらでも使われます。だからそういう、外国の人たちを貶めたり、差別したりするのは許せない、というのは当たり前の話であって、そういう当たり前のことに対して法律を作ることは、日本人として情けないと思います。そういうことは恥ずかしいと、みんなの力でやめさせる、そうすることが大切だと思います。

司会者：先生のおっしゃる日本人の愛国というのは何ですか？

鈴木邦男：言葉が一人歩きしてるんです。資料に書きま

したが、三島由紀夫が自決する二年前に、朝日新聞のコラムで、愛国心についてこう書いています。

「実は私は「愛国心」という言葉があまり好きではない。何となく、「愛妻家」といふ言葉に似た、背中のゾッとするやうな感じをおぼえる」

それを聞いて、僕はむっとしました。三島由紀夫は愛国者という言葉は官製、つまり上から国が押し付けている言葉で、自分たちが国の向こう側にぱっと飛び出して、都合よく日本を愛しているという、ただの思い上がりだといっています。それは当時はわかりませんでした。でも今はわかります。本来「愛」という言葉は、無限定無条件のはずなのに、愛国心とは、国境を以て閉ざされた愛です。今、自分こそ愛国者だという人はみんなそうです。俺は愛国者だと、自分は他の人とは違うんだと、そういうことで自己満足しています。愛国者という言葉に愛はないんです。俺は愛国心があるけれども、こいつらにはないんだ、こいつらは愛国者じゃない、そうやって人を誹謗中傷する、批判するためだけに使われています。批判するために使われる言葉というのは、もう言葉じゃない。それはただの暴力だと思います。だから愛国だとか売国だとか非

国民だとか、そう言葉が今もまだありますけど、全部死語にしてしまえばいいと思っています。

日本の右翼の人たちはかなり乱暴なところもあるし、僕も昔は乱暴な運動をしていました。でも、日本で一番有名な右翼団体である「日本愛国党」を作った赤尾敏という人は、日本と韓国と台湾とアメリカは連帯しないといけないんだと、ずっと主張していました。そのとき僕は、赤尾さんの言っていることがわからなくて、そこまでする必要があるのかなと思っていました。

当時から竹島問題はありました。赤尾さんは、「小さな島と日韓の友好とどっちが大切なんだ」と言いました。今は皆、小さな島が大事だといっています。ところが、赤尾さんはこういうことを言いました。「敵は強いんだ、共産主義が強いんだ、ソ連が強いんだ。その中で日本、韓国、台湾、アメリカはがっちりまとまって戦わなければならない。その友情のため、連帯のためならば、島なんかはどうでもいい。日韓友好に島が邪魔ならば、竹島なんかは、ダイナマイトで爆破してしまえ」と。今そんなこと言ったら殺されて(注：あくまでも、激しいバッシングにさらされることの比

喩)しまいます。赤尾敏という特別な人が言ったから、殺されなかったんです。そもそもみんな同じことを思っていても言えなかったと思います。ある意味すごいです。

それからまた、かなり前ですが、日の丸、君が代を法制化することに対して、赤尾さんは「君が代を歌うのは当たり前だ。それを法律でわざわざ強制するのはおかしいんだ」と言いました。これはヘイトスピーチの問題にも通じます。あたり前の感情だから、それをわざわざ法律で規制するのはおかしいと。

「もし子供たちに歌わせたいならば、大人が歌えばいい。子供は黙ってついてくる。国会で毎日歌えばいいんだ。あるいは開会式に歌えばいいんだ。そうすると社会党と共産党の議員は歌わないだろう。でも、歌わないといって処分できるか。国民から選ばれた代表だから、できないのではないか。だからといって弱い立場の人間に押し付けるというのは間違っている」

正論ですよね。赤尾さんは他にもすごい言葉をいっぱい残しているのです。今となってわかりますが、当時はわからなかったし、そういうことを含めていろいろ解決していきたいと思います。だから僕もそうなので

すが、右翼の人たちにはあまり評判がよくありません。でも、かなりストレートに素直に正論を主張していると思います。今、保守だとか愛国者だとかいっている人のほうがインチキだと思います。

**質問者2**：今日はとても貴重なお話をありがとうございます。僕はソウル大学政治外交学部3年生のイムと申します。僕も長年日本に住んでいたのですが、政権が民主党に変わって、その時点からだんだん右傾化するのかなと、2ちゃんねるやネットを通じて察していました。

質問を二つにまとめると、最近韓国で駐韓アメリカ大使に対してテロがありました。その犯人は、以前から過激なテロ行為や政治活動をしていて、以前日本大使館に対しても似たようなテロをしたという経歴があると聞きました。その動機について調べてみると、自分の話を誰も聞いてくれないから、それで過激な行為で表すということが、だんだんエスカレートして、今回の事件に至ったという分析が主流でした。

この場合、むしろ表現の自由というものを保障して、ちょっと過激な主張を持っている人でもそれを自由に

言えて、全部受け入れられるわけでなくても、それをすべて表現できる場が保障されるべきだと思いますが、表現の自由についてどう考えておられるのかお聞きしたいです。

それから、韓国にも2ちゃんねるのような右翼的なサイトがあり、非常に問題になっています。ずいぶん似てるんですけど、個人的に何が違うと思っているのかというと、日本はナショナリズムの不在というか、やはり戦争を通じた歴史があるので、健全なナショナリズムを学生たちが学ぶことができなかったという見方ができると思います。最近そういう本を読んだのですが、経済景気が悪くて、若者たちがそのストレス解消のために、ネット右翼というよりは、政治的な脈絡として健全なナショナリズムがなかった、日本人として自分のアイデンティティを築く機会がなかったからではないかという指摘がありますが、こういう指摘に対してどう思われますか。

質問者3：こんにちは。私はソウル大学の国際大学院で日本政治学を専攻しているキム・ウォンミンと申します。貴重なお話をありがとうございます。私にとって

は右翼の方に直接会う機会がないので、今日はこの機会を利用して、少し生意気なコメントをしたいと思います。

鈴木さんもおっしゃったように、日本の右翼の方がヘイトスピーチに反対している立場であるということは、いろいろなチャネルを通じて知っていました。その意見の主流には、ヘイトスピーチには右翼の思想がないということがありました。そこで、日本の右翼思想が何であるかを調べてみたのですが、愛国主義が主であって、あとは歴史修正主義だとか天皇崇拝とか排外主義とかそういうものがありました。ヘイトスピーチをする在特会やネット右翼に反対する意見も多かったのですが、そのネット右翼の一番大きい勢力が在特会であるので、在特会が何をいっているか調べてみました。そこで在日韓国人の特権は特別永住権とか、通名制度だとか、朝鮮学校に対する補助金とか生活補助金などがありましたが、それは事実でないこともあります。そういうことが今起こっているといっても、それはシンプルな韓国人だった人びとが、なぜ在日韓国人になったのかについての歴史に対する理解がなかったり、理解をしていても無意識にやっているからだと

思いました。

なので、日本の右翼の方々が本当に在特会のヘイトスピーチが恥ずかしいと思ったならば、なぜそのような現象が起きたのか考えるべきだと思います。そのように歴史を無視したり誤解したりするのは、1990年代頃から、「新しい歴史教科書をつくる会」が導いた歴史修正主義が原因だと思うので、愛国者の中での協力が大事だとおっしゃった先生にこういうことを言うことは申し訳ないと思っておりますが、なぜ在特会が、そのような特権ではないことを特権だといってる理由・背景についての理解が必要ではないのかと思います。

鈴木邦男：今は日本のマスコミもかなり右傾化していますけれども、長い間マスコミはずっと左翼だと思われていたときがあって、僕もそう思っていました。大学に入って、右翼の運動をやりました。また卒業してからは産経新聞に勤めて、クビになって、その後またずっと右翼をやりました。そのころは自分たちはあくまでも少数派だと、マスコミは右翼の意見をぜんぜん載せてくれないと思っていました。街頭で演説しても、何をやっても国民に声が届かないと

思っていました。

そういう中で右翼の人たちはずいぶんとデモをやりました。身体をかけて言葉を発するんです。どこかで事件を起こして、どこかの左翼新聞社に押しかけて、騒ぎを起こして警察に捕まる。そうすると新聞は社会面で書く。ふだんは右翼の言葉をまったく載せないが、事件を起こすことによって初めて我々の主張が新聞に載ると。後退した理屈ですが、それしかないんだと思っていた時期もありました。僕もそう思っていました。ですから、僕は4回ぐらい捕まっています。1カ月間ずつぶち込まれたりしていました。そのときは、犯罪をしたという意識はなくて、むしろいいことをしたと思っていました。

その後、『朝日ジャーナル』という雑誌や、『朝まで生テレビ』のようなテレビ番組もできて、テレビや新聞に、言論のチャンスがあると知りました。すると、かえって言論のほうがきついということがわかりました。人を殴ってすむ問題じゃないですから。みんなに見られて、みんなに注目されて、そうやって言葉で闘うほうがきつかったです。また、そういう形でしか自分たちの主張を通すことはできないと思いました。

例えば、もう亡くなったのですが、朝日の談論を仕切っていた筑紫哲也さんや、『朝まで生テレビ』などで現在も活躍している田原総一朗さんなど、いろいろな人たちに、僕はものすごく感謝しています。というのは、そのころ僕はまだ捕まったり、危ないことをいろいろやってたんです。そういう人間を朝日新聞に、テレビ朝日に出すことによって、もし鈴木がまた事件を起こしたりしたらどうするんだというリスクもあります。そうなったら多分、筑紫さんも田原さんも責任をとって辞めるという覚悟があったのでしょう。今から考えると、非常に勇気のある人たちだったと思います。考えの違う人間でも、闘いの場に上げて、そこで闘うと。今まで誰も怖くて問題にしなかった天皇制や部落解放問題や原発の問題を、お互い立場は真っ向から違う人間をその場に組み入れて話をする。そういう意味では、非常に画期的でした。

しかし、だんだんそのようなことはなくなってきています。民主党は政権をとってから、そういう問題をやろうとしましたが、政権にあるときに東日本大震災が起きたことで非常に不幸であったし、政治に夢や理想を持ち込んだから、だめになったという批判もされま

した。沖縄の問題とか原発の問題とか、政治はもっと現実を見ろと、そこからしか解決しないんだ。その点、自民党はすばらしかったではないか、となりました。実際そのような意見が勝ってしまい、いま自民党の政治が、保守派の力が強いと思います。

もともと防衛を強くしたかったし、戸締りをしっかりしてれば敵が入ってこないんだと、どんどん議論が幼稚になってきてるんです。みんなに分かるようにという名目で幼稚になってるんです。昔は愛国主義を思ってるから、排外主義は悪いんだという自由もありました。また、非武装を通じて軍隊なんかいらないんだという自由もありました。今はありません。そういうことをいうと、叩かれてつぶされるだけです。みんな言論が暴力的になっています。幼稚になっています。日本は中国や韓国やいろいろな国から教えてもらったし、また人も来たし、大化の改新(西暦645年)などを含めて、そのおかげで日本が大きくなってきたのは事実だと思います。そういう意味では、僕は韓国は兄貴だと思ってます。ですから、兄貴である皆さんは、日本がいろいろ韓国に対して誹謗中傷したり、めちゃくちゃなことを言っても、だめだな、弟はちょっとひね

くれて反抗してるんだなと、思ってください。そして、具体的な提案を出してください。そういうことをやりましょう。面白くなくてもいいじゃないですか。テレビでもいいし、また今日は新聞社の人もいるから新聞社でやってもいいし、出版社の人もいますからね、そういうのができたらいいですね。

日本人は非常に気弱なんです。人にちょっと批判されたりすると、すぐきれたりします。いろんな情報がありすぎて、ネットで言い争いをして、それで喧嘩をしたり、人を殺してしまう事件が多い。人から批判されることに弱いのです。自分だけではなく、日本の国についても言えることです。日本の国について、ちょっとでも批判されたら許せない。朝日新聞の誤報事件があって、その後、街ではいわゆる右翼ではなく、むしろ市民派だとかネトウヨの人たちが、ヘイトスピーチをしています。そこにいた女性が言っていたのを聞いてみると、「みなさん、これでわかったでしょ。朝日新聞が言っていることは全部嘘なんです。日本は南京大虐殺はしてません。慰安婦なんか一人もいなかったんです。日本の兵隊さんは世界で一番倫理的な兵隊さんだったんですよ。世界で一番道徳的な兵隊さんだっ

たんですよ」と。そこまで言いますかね。そのうち日本の兵隊さんは一人も殺していないんですと言い出すかもしれません。日本は何も悪くないといっています。愚かですよね。やっぱり批判を受ける覚悟がないんです。

また、日本の歴史に対しても、僕は間違ったところがいっぱいあったと思います。それは当然なことで、我々自身も自分たちの個人の日常を考えてみても、失敗したなとか、ちょっと人に言えないなとか、そういうことがありますね。それが一億人以上集まったらもっとあります。ところが、自分の失敗は認めても、国家は認めたくない。そういうことを認めたら俺は弱くなる、国家は弱くなる。そういう歴史に直面する自由、覚悟がないんです。だらしがない話です。

**質問者4**：名古屋大学法学部でアジア政治思想を担当しているカンと申します。貴重なお話をありがとうございました。二つ質問があります。一つは、結局ネット右翼などに対する鈴木さんの批判を見ると、愛国者になるということは、国を真剣に愛することであり、本当にそうであれば、自分の知識や人格や見解を含めて、

「愛する」ということが前提になってると思います。その中で日本の愛国者であって、そのようなことができる先生には、愛する国である日本にはいい点がいっぱいあるということが前提にあるように思われます。そこで、今日配ってくださった新書に、「排外主義者たちに日本人の美点は何かと聞いたら、寛容の心とか、謙虚な姿勢と答えるはず」とあります。では鈴木さんの中で愛すべき日本は何かということ、もう少し明確な存在とかイメージとか歴史的人物とかがあれば、教えていただきたいと思います。そういうことが明確になると、排外主義に走っているネット右翼とは違った立場が明確になるのではないかと思います。

2点目は安重根のことなんですが、僕は昔論文を書いたことがありまして、安重根は今まで、韓国で主にナショナリストとして理解されましたが、実際見てみるとナショナリストでありながら、地域主義者でもありました。『東洋平和論』というものを死ぬ前に書いていまして、先ほど鈴木さんの安重根に対する理解において、安重根が鈴木さんと似た愛国者であったので、認めるような話ができた、それは愛国者同士だから理解できるということではないかと思いました。もう一方

では、朝日新聞の対談では鈴木さんが考えている愛国というものは、ただ個人や国家ではなく、逆に、家族への愛、故郷への愛、そしてその延長上で国家に対する愛があるんだと。これは儒教的な考え方と似ていて、この延長上に国を超えて、地域レベルの愛があり、そうすることで人類に対する愛が広がる可能性があるのか。そうなれば、それは愛国者と言えるのかということなんですが、安重根との関係で地域主義に対する考え方についてお聞きしたいです。

質問者5：こんにちは。私はソウル大学で地域学を専攻している学生です。100％理解したとはいえないですけど、ありがとうございました。韓国では、具体的な考え方はそれぞれ違うと思うんですけど、左翼と呼ばれる人たちが、むしろ反日的で民族主義と思われています。日本人の立場からすると、この人たちが右翼であるかもしれないです。日本の左翼は韓日関係でどんな立場であるか、そして韓国のこのような状況について、鈴木さんの意見をお聞きしたいと思います。

鈴木邦男：日本の左翼の人はどうなんでしょう。今日、こ

の場にフリーの編集者で、僕の本も何冊か出してくれている、元左翼運動をしていた椎野礼仁さんと一緒に来ました。彼は北朝鮮に行ったり、よど号グループの人たちとも知り合いなんです。だから彼に聞いてみたいと思います。昔は、社会党は北朝鮮を支持していたという歴史もありますが。

椎野礼仁：それは昔の話で、かつて韓国が軍事政権の時代には、北朝鮮のほうが進んでいると思っていたので。

鈴木邦男：今は韓国に対して左翼の人たちはどう思ってるんですか。

椎野礼仁：僕が左翼を代表してものを言うことはできませんが、左翼だからいう理由で韓国を嫌いという人たちはあまりいないんじゃないでしょうか。むしろ社会主義国を標榜しながら、政権を世襲している北朝鮮に批判的な人の方が多いと思います。今の韓国の自由な雰囲気みたいなものを嫌っている左翼は、多分一人もいないのではないかと思います。

鈴木邦男：韓国へは、右翼の人達もたくさん来てるし、共産党の志位委員長もきています。だから是非一緒にやりましょう。日本の新左翼も集めて韓国で集まりをやりましょう。愛国ということなのですが、自分のまわりの友達、家族、それから町内に住んでいる人たち、学校の人たち、そういうのが広まっていって国家ができる。そういう過程がなかったら愛国とはいえません。ところが、愛国という人たちはそういう過程を全部飛び越えて、家の中では嫌われている、地域でも馬鹿にされている、学校では友達がいない、でも俺は国家につながっている、国家のことを考えている。また国家も俺のことを愛してくれている。愛国心というのは、そういう幻想の、錯覚の世界です。そして自民党がそういう錯覚をどんどん利用しようとしています。それが自民党が強くなることだと。それはおかしいと思います。

また、愛国はほかの国と仲良くなろうということにつながります。昔は大アジア主義だとかいろいろありましたけど、アジアの国々と仲良くしようとしていました。日本の右翼の人たちも、中国で革命をやった孫文を助けたりしました。そういう民間同士の交流という

のはずいぶんあったんです。アジア同士の交流というのは、なかなか難しいかもしれないですが、できるかもしれないと思います。それがさらに広がったら地球全体の愛になるでしょうし、そうなったら愛国心はなくなるのかもしれません。僕はなくなってもいいと思います。でも、同時に抽象的な感じとしては残るのではないでしょうか。例えば、地域全体がみんな仲良くなっても、家族の愛はあります。それと同じように地球全体の愛があって、それでも愛国心はあるでしょう。あるいは、小学校のときは小学校が好きだったし、中学のときは中学校が好きだったし、その愛校心がどんどん進んでいって、大人になって愛国心になる。だから、僕はそういうふうに単純に考えてます。

昔、左翼の評論家で竹中労という人がこういうことを言っていました。「中国の人が中国を愛するということがわかる。韓国の人が韓国を愛するということがわかる。それが愛国心なんだ」と。俺は日本人だ、だから日本を愛する、それはただの自己満足であって、愛国心でもなんでもない。よその国の人がその国を愛するということを理解する。今は愛国心というものを学校で教える必要はないですけど、もし愛国心を学校で

教えるならば、そういうことをきちんと教えないといけないと思います。かつて学校で愛国心を教えようとしたときに、ある小学校でこのような教育をしていました。先生が生徒に対して、「日本はよその国とは違って、四季があり、自然が美しい。砂漠だけの国もありますし、年中降雨や雨季の国もあります。そういう国とは違って日本は四季があってすばらしい。こういうすばらしい国を愛するのは当然でしょう」と。それならば、砂漠の国は愛さなくていいのか。だから人を教えるときに単純な例を使ってやるということはいけないです。よその国の人たちが愛することを勉強してそれを理解する、それが大切なんです。

質問者6：名古屋で弁護士をやっているペ・チョンヒョンと申します。質問が2点あります。在日外国人は歴史的に見ると在日韓国人だけでなく、中国人もいて、台湾人もいっぱいいるのに、なぜか韓国朝鮮人を攻撃対象にしたヘイトスピーチが非常に盛んになっています。私も法曹としてヘイトスピーチを止める側にあるのですが、どうしてもしっくりこないところがあります。なぜ韓国朝鮮人を対象にしたヘイトスピーチだけ

が、ここまでひどくなっているのか? それはやはり政治的な問題が背景にあるのかと思います。韓国ではドクト、日本でいうと竹島の問題があるせいかと思ったら、中国とでも尖閣諸島の問題もあります。けれども韓国朝鮮人だけを対象にしたヘイトスピーチがもっとも盛んです。その原因は何なのかという初歩的な質問で恐縮ですが、教えていただけたらと思います。

もう一点ですが、ヘイトスピーチに対抗する活動として今カウンター行動があります。正直カウンターが活発になれば、そのうちヘイトスピーチの行動がなくなるだろうと思っていました。ところが、むしろエスカレートしていて、カウンター側の人と在特会の人が暴力的に衝突するというところまでいってしまいました。国連の勧告をうけて、日本側もやっと腰をあげて規制する方向で検討していますが、これは法曹としてあるまじき発言かもしれませんが、正直、法律をもって押さえつけるだけでは、根本的な解決にはつながらないと思っています。そこで、もし右翼の立場からこのヘイトスピーチを止める、あるいはなくすことを目的とした、これから考えられる活動があるのならば、また、具体的に今考えていらっしゃることがありまし

たら、教えていただきたいと思います。

鈴木邦男：ヘイトスピーチに参加しているような人たちは、彼らなりに勉強をしているし、自分たちの言い分が通らないとか、発言の場がないとか、格差社会の犠牲者だと思っている人もいるんです。その時に誰かが、お前たちは頑張っているけれど、特権を得ているやつがいる。だから生活保護とか、そういう社会保障を受けているのは特権だという。そんなふうにいろんなデマを流すんです。

デマは関東大震災でも流されたし、ドイツでも同じことがありました。政治というのは、おそらくこいつは悪だといって、一つの敵を見つけて、そこに憎悪をぶつけるんです。在特会だけではなく、今の自民党もそうですよ。自分たちはこんなに頑張って選挙をやってきたのに、なかなか票が得られなかったのは左翼がいるからだ、あるいは憲法があるからだ、あるいは韓国が嫌がらせをするからだ。そんなふうに本当は自分たちがだらしないにも関わらず、巧妙に外に目を向かせて、問題をそらすのです。

在日の人たちはいろんな業種でものすごく儲けてい

て、日本人がやってないことをやっている。みんな日本人が弱くなったことに、理由を求めたいんです。それと同時に韓国に対する嫉妬もあります。自民党の人たちが憲法改正を主張する際には、憲法を改正して協力な軍隊をつくると同時に徴兵制も考えているんです。そのとき、よく韓国の例を出しています。日本の若者はだらしがない、それは一定期間社会奉仕に行くだとか、あるいは徴兵制がないからだと。韓国を見ろ、韓国は歌手だって俳優だってみんな一回は徴兵に行く、だからみんなしっかりしているんだと。普段、韓国を馬鹿にして攻撃している連中がそういうことをいうんです。おかしいでしょう。

それから中国と北朝鮮を馬鹿にして批判しながらも日本は核を持つべきだといっている人もいるんですね。日本が核を持ったら、いろんな国から批判はされるだろう。しかし中国を見ろと。世界中から批判されているのにやってるではないか。北朝鮮を見ろ。だから韓国に関しても、批判しながらもうらやましいんです。ジェラシーを感じている。若者でもいい男とか美しい女性とかは圧倒的に韓国人が多いです。でも言えないから、ヘイトスピーチでデモをするんです。だからみ

なさんも、おろかな弟がめちゃくちゃなことをやってるんだなあというふうに感じたらいいんじゃないですか。

もう終わりですか。今日は呼んでいただいて、ありがとうございました。ソウル大学で講演ができるなんて思ってもみなかったです。僕は外国で話をしたのは2回目なんです。1回目は、アメリカに呼ばれて、ニューヨークで憲法についての話をしました。そのときは日本の憲法改正について話をしました。そこで日本国憲法の第24条(家庭生活における個人の尊厳と両性の本質的平等)の文案を書いたベアテ・シロタ・ゴードンさんに聞きました。

「日本は占領国家に憲法を押しつけられたんだから、改正して見直すべきだと思っています。しかし、当時憲法を作った人たちも、ものすごく努力しています。当時アメリカでできなかった男女平等だとか、女性の権利を考えたりもしました。それはすばらしいと思います。でもどんないいものでも、占領下の日本に押しつけたものに対しては、やましいと思っているのではないですか」と。

しかし、まったく思っていないんですね。自分たちは

いいことをしたんだと。その後いろいろ話を聞いて本にしようかなと思ったんですが、ベアテさんも亡くなられてしまい、とうとうできませんでした。

そして今回は外国で話す2度目です。これからはもっと僕だけじゃなくていろんな人たちにチャンスを与えてもらいたいと思うし、他の日本人にもやってもらいたいと思います。いろんな形で疑問は疑問のままでいいと思うんです。2時間か3時間話したからといって全部解決することはないんです。きっかけが必要だと思います。それで少しでも疑問をもっていて、自分の中で考えて、その中で少なくともいろんな話し合いをしたり喧嘩をしたりする。国家と国家が戦争するだとか、関係ないものに巻き込まれるだとか、そんなことはしないほうがいいだろうなというくらいの防衛はできると思うんです。

今、戦争の話をしましたが、日本でも戦争の体験者がいなくなってきて、戦争の悲惨さは伝えられないでいます。みんな暗いものは見たくないと思っています。小説や映画やテレビに戦争を題材にしているものはいっぱいあります。ところが、暗いことは描かないのです。戦争はあったけども、その中で男の勇気が試さ

れたとか、愛があったとか、そういう結論をつけるんです。ところが世の中は物語ではありません。愛もない勇気もない戦争。戦争というのは、そういうものだろう思います。それなのに戦争があったから勇気が試されて、愛がわかったという物語が作られるのは、危ないと思っています。自分たちの頭の中だけで戦争を考えて、国家と国家の問題は絶対譲れないものがある、戦争に訴えてもいいという政治家が今はいっぱいいます。それは最低なことです。そういう人たちに反論しないといけないんです。また考え方が違っても、少しでも接点があったら話し合おうという場があればいいんです。ですから、今日は30年ぶりに韓国に来ることができましたし、みなさんと話し合うことができて幸せでした。それと、みなさんは日本語がうまいのでびっくりしました。みんなで悩んだり、迷ったり、考えたりしていきましょう。ありがとうございました。

저 자 | 스즈키 구니오(鈴木邦男)

1943년 후쿠시마 현에서 태어났다. 1967년 와세다대학 정치경제학부 정치학과를 졸업한 뒤 1970년 산케이 신문사에 입사했다. 1972년에 〈잇스이카이〉를 창설하여 회장으로 취임했으며, 현재는 〈잇스이카이〉의 최고고문이자 스포츠 평론가로 활동 중이다. 저서로는 『애국자를 신뢰할 수 있을까』, 『우익은 언론의 적인가』, 『애국과 우국과 매국』 등이 있다.

역 자 | 정실비

서울대학교 국어국문학과 및 동대학원 박사과정 수료.
도쿄대학 총합문화연구과 박사과정.
역서로 『좌담회로 읽는 국민문학』(공역), 『총력전하의 앎과 제도』(공역), 『감정·기억·전쟁』(공역), 『사상과제로서의 아시아, 그 이후』가 있다.

## 나는 왜 혐한시위를 싫어하는가
일본 우익이 본 일본 넷우익

私はなぜヘイトスピーチを嫌うのか、
日本の右翼が見る日本のネット右翼

**초판인쇄** 2015년 06월 16일
**초판발행** 2015년 06월 22일

**기    획**  서울대학교 일본연구소
**저    자**  스즈키 구니오(鈴木邦男)
**역    자**  정실비
**발 행 처**  제이앤씨
**발 행 인**  윤석현
**등    록**  제7-220호

**주    소**  서울시 도봉구 우이천로 353 성주빌딩 3F
**전    화**  (02)992-3253(대)
**전    송**  (02)991-1285
**편    집**  최현아
**책임편집**  김선은
**전자우편**  jncbook@hanmail.net
**홈페이지**  http://www.jncbms.co.kr

ⓒ 서울대학교 일본연구소, 2015. Printed in KOREA.

ISBN 978-89-5668-193-1 03910    **정가** 7,000원

·저자 및 출판사의 허락 없이 이 책의 일부 또는 전부를 무단복제·전재·발췌할 수 없습니다.
·잘못된 책은 바꿔 드립니다.